ACADÉMIE

DES

BEAUX-ARTS.

STATUTS

ET

RÈGLEMENTS.

PARIS,

TYPOGRAPHIE DE FIRMIN DIDOT FRÈRES,

IMPRIMEURS DE L'INSTITUT,

Rue Jacob, 56

1863.

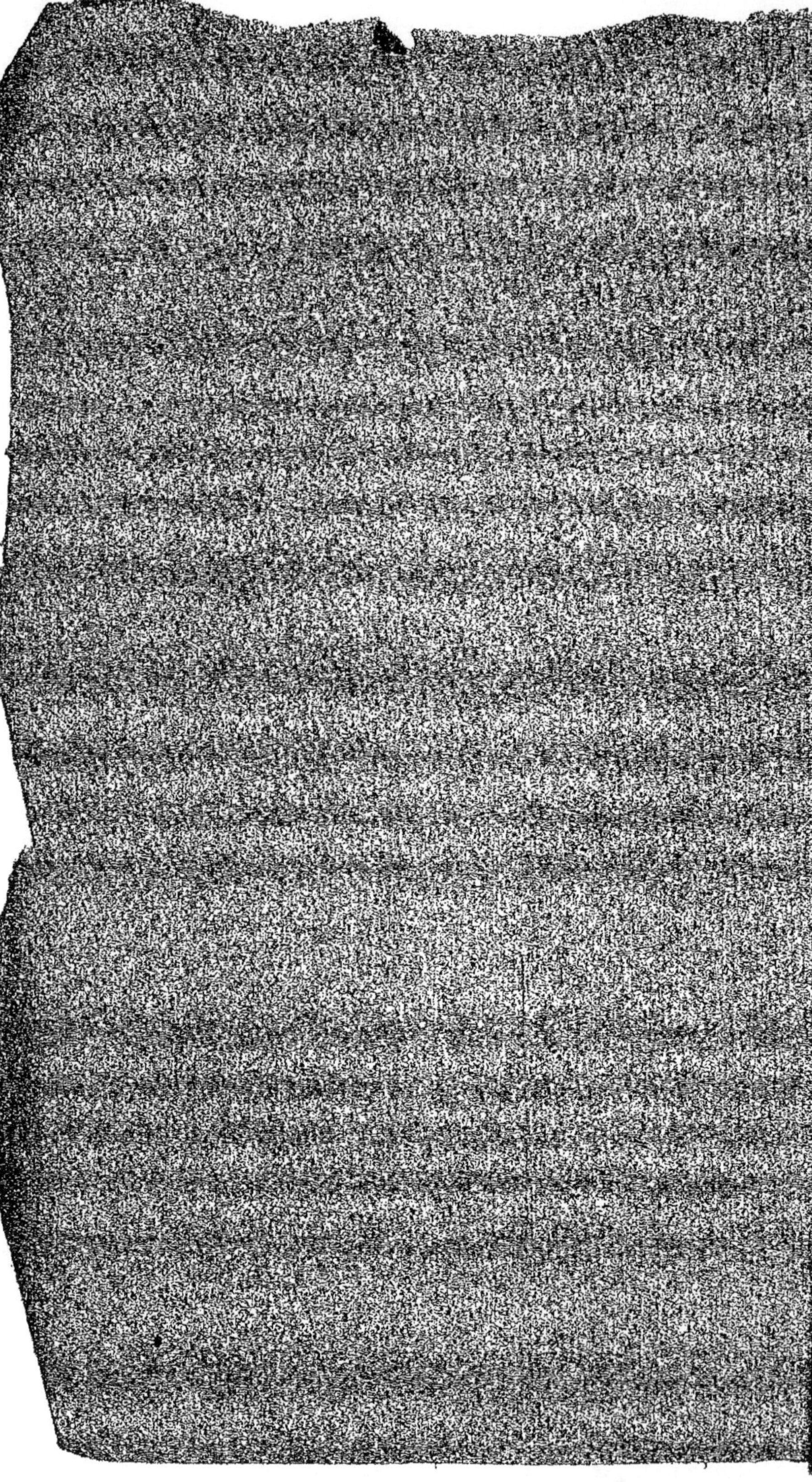

INSTITUT DE FRANCE.

ACADÉMIE

DES

BEAUX-ARTS.

ACADÉMIE

DES

BEAUX-ARTS.

—

STATUTS

ET

RÈGLEMENTS.

PARIS,

TYPOGRAPHIE DE FIRMIN DIDOT FRÈRES,

IMPRIMEURS DE L'INSTITUT,

Rue Jacob, 56.

—

1863.

ACADÉMIE

DES

BEAUX-ARTS.

STATUTS

DE

L'ACADÉMIE DES BEAUX-ARTS.

Composition de l'Académie.

ART. 1er. L'Académie des Beaux-Arts est composée d'académiciens, d'académiciens libres et d'associés étrangers.

Académiciens.

2. Les académiciens sont au nombre de quarante. Ils sont choisis parmi les peintres, les sculpteurs, les architectes, les graveurs et les compo-

siteurs de musique les plus distingués par leurs talents et par leurs ouvrages.

3. Nul ne peut être académicien s'il n'est Français, âgé de vingt-cinq ans au moins, et domicilié à Paris.

4. Les quarante académiciens sont répartis en cinq sections, ainsi qu'il suit : dans la section de peinture, quatorze ; dans la section de sculpture, huit ; dans la section d'architecture, huit ; dans la section de gravure, quatre ; dans la section de musique, six.

5. Le Secrétaire perpétuel peut être choisi hors du nombre des quarante académiciens. Dans ce cas, il jouit du titre et de tous les droits d'académicien ; mais il ne fait partie d'aucune des cinq sections. Lorsqu'il est choisi parmi les membres d'une section, sa place y devient vacante.

Académiciens libres.

6. La classe des académiciens libres est composée de dix membres. Ils sont choisis parmi les hommes distingués, soit par leur rang et leur goût, soit par leurs connaissances théoriques ou pratiques dans les beaux-arts, ou qui auraient publié sur ce sujet des écrits remarquables.

7. Les académiciens libres ont voix délibérative dans toutes les discussions relatives aux sciences, aux lettres et aux arts. Ils peuvent faire partie

de toutes les commissions nommées dans le sein
de l'Académie (autres que celles qui ont rapport
à l'administration), et concourir à la nomination
de ces mêmes commissions. Ils jouissent de toutes
les prérogatives des académiciens, excepté du
droit de suffrage pour les élections aux places vacantes dans les sections, pour celle du Secrétaire
perpétuel, pour les jugements des grands prix annuels de peinture, sculpture, architecture, gravure, composition musicale, et pour ceux de tout
autre concours public.

8. Néanmoins les académiciens libres ont droit
de voter avec les autres académiciens pour les
élections aux places qui viennent à vaquer, 1° dans
la classe des académiciens libres, 2° dans celle des
associés étrangers, 3° parmi les correspondants.

9. Les académiciens libres ne peuvent, dans aucun cas, être élus aux places d'académiciens vacantes dans les cinq sections ci-dessus dénommées.

10. Les académiciens libres n'ont d'autre indemnité que celle du droit de présence.

Associés étrangers.

11. Le nombre des associés étrangers de l'A-
cadémie ne peut excéder dix. Ils sont choisis
parmi les artistes les plus célèbres et les amateurs
des beaux-arts les plus distingués de l'Europe.

12. Les associés étrangers, lorsqu'ils se trou-

vent à Paris, jouissent du droit de siéger dans les assemblées de l'Académie. Ils ne font partie d'aucune section, ne touchent aucun traitement ni droit de présence. Ils ne peuvent voter ni dans les élections des membres de l'Académie, ni dans les jugements des grands prix annuels et autres concours publics ; mais ils ont voix délibérative dans toutes les discussions relatives aux sciences, aux lettres et aux arts.

Organisation de l'Académie.

13. Le bureau de l'Académie est composé d'un Président, d'un Vice-président et d'un Secrétaire perpétuel.

14. Tous les ans, dans la première séance de janvier, l'Académie nomme, selon les formes ci-après prescrites, et parmi les académiciens membres des sections, un Vice-président, qui, l'année d'après, devient de droit Président, et ne peut pas être immédiatement réélu.

15. Les fonctions du Président sont de proposer les sujets de délibération ou de discussion, de maintenir l'ordre dans l'assemblée, de dépouiller les scrutins et d'en prononcer les résultats. Il est spécialement chargé de veiller à l'exécution des statuts et des règlements de l'Académie, et d'y rappeler ceux qui pourraient s'en écarter.

16. Le Vice-président supplée le Président dans toutes ses fonctions : en cas d'absence de l'un et de l'autre, l'Académie est présidée par le Président de l'année précédente; à défaut de celui-ci, par le doyen d'âge des académiciens.

17. Les fonctions du Secrétaire perpétuel sont de recueillir en substance tout ce qui est proposé, examiné et résolu dans les séances de l'Académie; de tenir note des lectures, rapports, ou discours, qui y sont faits; de dresser du tout un procès-verbal, qui, après avoir été lu en séance et approuvé par l'Académie, est consigné dans un registre à ce destiné; d'entretenir la correspondance, soit avec le ministère, soit avec l'école de Rome, soit avec les particuliers; de signer, conjointement avec le Président, tous les actes et rapports de l'Académie; d'en délivrer, au besoin, des copies ou extraits certifiés; de rédiger les mémoires de l'Académie et les notices historiques de la vie et des ouvrages des académiciens décédés; de surveiller le dépôt de tous les actes, titres, papiers et registres concernant l'institution et les travaux de l'Académie.

18. En cas d'absence momentanée, de maladie ou de mort, le Secrétaire perpétuel est remplacé dans l'intérim par le Vice-président, ou, à défaut de celui-ci, par le plus anciennement élu des membres présents.

19 En exécution de l'article 5 de l'ordonnance

du roi du 21 mars 1816, l'Académie nomme, dans la première séance de chaque année, deux de ses membres pour faire partie de la commission centrale chargée de régir et d'administrer les propriétés communes aux cinq Académies qui composent l'Institut, et les fonds y affectés. Ces commissaires sont élus chacun pour un an, et sont toujours rééligibles.

20. Le Président, le Vice-président, le Secrétaire perpétuel et les deux membres de la commission centrale administrative désignée dans l'article précédent forment un comité qui, aux termes de l'article 6 de la susdite ordonnance, est chargé de régir, au nom de l'Académie, ses propriétés et fonds particuliers, et de proposer l'état annuel de ses dépenses.

21. L'Académie nomme encore, au commencement de l'année, une commission dont l'objet est de prendre communication des discours, notices historiques et rapports de ses travaux, que le Président, le Secrétaire ou tout autre académicien est chargé de faire au nom du corps. Cette commission est composée de cinq membres, pris dans les cinq sections, et d'un sixième choisi parmi les académiciens libres. Ces commissaires sont toujours rééligibles.

Tenue des séances.

22. Les séances ordinaires et les séances publiques de l'Académie sont tenues par le bureau.

23. Les séances ordinaires de l'Académie ont lieu le samedi de chaque semaine; elles commencent à trois heures après midi, et ne doivent pas durer plus de deux heures.

24. Si le samedi est un jour de fête, la séance est remise à un autre jour; les académiciens sont prévenus de ce changement par des billets à domicile.

25. Lorsqu'il y a lieu, le bureau peut convoquer une assemblée extraordinaire.

26. Aucune personne, hors les membres dont est composée l'Académie et ses correspondants, les membres et correspondants des autres Académies faisant partie de l'Institut, ne peut assister aux assemblées ordinaires ou extraordinaires, si elle n'y est admise par le bureau sur la présentation d'un académicien.

27. La première séance du mois d'octobre est rendue publique.

28. Dans cette séance publique, le Secrétaire perpétuel rend compte des travaux de l'École de Rome pendant le cours de l'année. Il lit la notice historique des académiciens décédés. Il proclame les noms des élèves des beaux-arts qui ont rem-

porté les grands prix de peinture, de sculpture, d'architecture, de gravure et de composition musicale. Le Président leur distribue les médailles et les couronnes.

Attributions de l'Académie.

29. L'Académie dirige spécialement les concours qui ont lieu annuellement pour les grands prix de peinture, de sculpture, architecture, gravure et composition musicale. Elle en donne les sujets, en rédige les programmes, en juge les résultats ; et, lorsque ses jugements sur les différents concours sont prononcés, elle en fait part au ministre.

30. Dans sa séance publique du mois d'octobre, elle proclame les noms des élèves qui ont remporté les grands prix, et leur en fait la distribution solennelle.

31. Lorsqu'il vient à vaquer une place de professeur, soit à l'École impériale des Beaux-Arts de Paris, soit à celles des départements, l'Académie présente au ministre (après qu'il en a fait la demande) un des candidats entre lesquels est choisi le sujet qui doit remplir les fonctions vacantes.

32. L'Académie, d'après le renvoi qui lui est fait par le ministre des rapports du directeur de l'École de Rome, ainsi que des ouvrages et morceaux d'étude des pensionnaires, juge du progrès

des élèves, de la manière dont ils remplissent les obligations qui leur sont imposées, de l'état enfin de l'établissement et des améliorations dont il peut paraître susceptible. Elle consigne ses observations à ce sujet dans un rapport qu'elle adresse au ministre pour être transmis au directeur, et par lui, lorsqu'il y a lieu, communiqué aux pensionnaires.

33. Tous les six ans, à l'époque du renouvellement du directeur de l'École de Rome, ou en cas de rappel ou de mort, l'Académie, sur la notification du ministre, présente trois candidats pour la place à donner.

Travaux de l'Académie.

34. Les séances que l'Académie ne consacre pas à l'exercice des attributions ci-dessus énoncées sont employées, soit à la lecture des mémoires et dissertations de ses membres ou des étrangers admis par le bureau à lui faire part de leurs recherches, soit à examiner les découvertes, les procédés nouveaux ou les nouvelles applications d'anciens procédés dont le gouvernement ou les particuliers lui soumettent le jugement. Elle discute les articles du *Dictionnaire général des beaux-arts* qu'elle est appelée à composer, d'après la rédaction d'une commission spéciale formée dans son sein, qui prépare chaque article, et le soumet,

après deux lectures, à l'adoption de l'assemblée générale.

35. L'Académie, étant formée pour s'occuper de tout ce qui peut contribuer aux progrès et au perfectionnement des différentes parties des beaux-arts, donne son avis motivé sur tous les projets, problèmes, difficultés ou questions d'art qui lui sont adressées par le gouvernement; et, s'il est nécessaire, elle accompagne son rapport de dessins ou de modèles pour faciliter l'intelligence du sujet. Elle propose tous les projets d'amélioration dont l'étude des beaux-arts est susceptible.

Commissions.

36. Pour préparer, faciliter et exécuter les différents travaux dont l'Académie est chargée par les statuts, ou peut l'être accidentellement sur les demandes qui lui sont adressées, elle nomme plusieurs sortes de commissions, les unes permanentes, les autres annuelles, quelques-unes dont l'existence n'a d'autre durée que celle du travail qui leur est confié.

37. L'Académie, selon la nature des questions et des travaux, peut inviter des membres d'autres Académies faisant partie de l'Institut à y prendre part, et les associer à ses commissions.

38. Les membres du bureau peuvent assister à toutes les commissions, et y ont voix délibérative,

mais ne composent pas nécessairement le bureau de ces commissions.

Nominations, élections et délibérations par scrutin.

39. La mort d'un académicien membre des sections est notifiée par le Président dans la séance qui suit immédiatement le décès. A la cinquième séance ordinaire, après cette notification, l'Académie délibère s'il y a lieu ou non de procéder à remplir la vacance, après avoir entendu sur ce sujet le rapport de la section dans laquelle la place est vacante.

Les sections de l'Académie sont prévenues par lettres.

40. Si l'Académie juge qu'il n'y a pas lieu de procéder au remplacement, elle délibère six mois après, et ainsi de suite.

41. Lorsque l'Académie a décidé qu'il y a lieu de procéder au remplacement, les membres des cinq sections sont convoqués pour la séance suivante ; dans cette séance, le bureau fait connaître à l'Académie les noms et les titres des candidats à la place vacante.

Aussitôt après cette communication, chaque académicien peut proposer le nom d'un candidat qui sera inscrit par le Secrétaire, pourvu qu'un autre académicien appuie la proposition. Les noms de celui qui aura fait et de celui qui aura appuyé la proposition seront également inscrits au procès-verbal.

41 *bis*. Pour la séance suivante, les membres des cinq sections sont de même convoqués, et la section dans laquelle la place est vacante présente trois candidats au moins et cinq au plus, dans l'ordre de préférence qu'elle leur accorde. Dans cette même séance, l'Académie peut discuter le mérite des candidats présentés par la section. L'Académie ajoute, s'il y a lieu, à la liste de la section, de nouveaux candidats dont le nombre ne doit pas dépasser cinq, et qui ne peuvent être pris que sur la liste générale des candidats arrêtée dans la séance précédente. Chaque candidat doit réunir la majorité absolue des suffrages.

42. Dans la séance qui suit cette double présentation, séance pour laquelle tous les membres sont de nouveau convoqués, si les deux tiers sont présents, l'on procède à l'élection, à la majorité absolue des suffrages et par la voie du scrutin, ainsi qu'il sera expliqué ci-après.

43. Lorsque la place de Secrétaire perpétuel vient à vaquer, l'Académie procède à sa nomination dans les mêmes formes que pour les nominations d'académiciens, avec ces deux différences, 1° qu'elle ne délibère pas s'il y a lieu, ou non, d'élire ; 2° que la liste des candidats est formée par

une commission de cinq membres pris dans les cinq sections.

44. Lorsqu'une place d'académicien libre vient à vaquer, il est procédé à l'élection dans les formes ci-dessus; mais l'Académie ne délibère point s'il y a lieu, ou non, à remplacement, et la liste des candidats est formée par une commission de cinq membres pris dans les cinq sections, et d'un sixième pris dans la classe des académiciens libres. Cette commission délibère dans les mêmes formes que les sections : les membres du bureau n'en font donc point partie.

45. Le mode indiqué dans l'article précédent est suivi pour la nomination des associés étrangers.

Diverses sortes de scrutin.

46. L'Académie procède diversement aux scrutins qui ont lieu, soit dans ses délibérations, soit pour les différentes nominations et élections qu'elle doit faire.

47. Dans les discussions où il s'agit de recueillir ses avis, elle vote par voie d'appel nominal, et à la majorité absolue des suffrages, à moins qu'un membre ne réclame la voie du scrutin secret.

48. S'il s'agit d'un choix d'ouvrages, de projets, de programmes, etc., l'Académie procède

par scrutin secret, et décide d'avance s'il y a lieu d'exiger la majorité absolue, ou de se contenter de la majorité relative.

49. S'il s'agit de nommer des membres des commissions passagères et accidentelles, on procède à ces nominations (à moins que l'Académie n'en charge le bureau), soit par scrutin secret, individuel, soit par scrutin de liste secret, et à la simple pluralité relative, s'il n'en est autrement décidé d'avance.

50. Les membres du bureau, ceux des commissions permanentes ou annuelles, les associés étrangers et les correspondants sont élus à la majorité absolue, et par la voie du scrutin secret et de ballottage, tel qu'il va être défini.

51. Si le premier tour de scrutin ne donne pas de majorité absolue, on procède à un second. S'il n'en résulte point encore de majorité absolue, on fait un scrutin de ballottage entre les deux candidats qui ont réuni le plus de votes. Un seul ayant plus de suffrages que tous les autres, sans avoir la majorité absolue, s'il s'en trouvait deux ou plusieurs qui eussent un nombre égal de suffrages, le scrutin de ballottage se fait d'abord entre ceux-ci, jusqu'à ce que l'un d'eux soit supérieur aux autres en suffrages obtenus, et ce dernier est ballotté ensuite avec celui qui a eu le premier la majorité relative. Si les suffrages se trouvent partagés également entre deux candidats, le ballottage est réi-

téré dans la même séance, jusqu'à ce que l'un des deux noms réunisse la majorité requise.

52. Les académiciens membres des sections, le Secrétaire perpétuel et les académiciens libres sont nommés à la majorité absolue, et par la voie du scrutin secret, mais réitéré sans ballottage, jusqu'à ce que, par la réunion de plus de la moitié des suffrages, l'un des candidats obtienne la majorité absolue.

53. Les séances consacrées aux nominations sont secrètes, c'est-à-dire que ni les étrangers, ni même les correspondants de l'Académie, ne peuvent y être admis.

54. Les nominations des académiciens, du Secrétaire perpétuel, des académiciens libres et des associés étrangers sont soumises à l'approbation de l'Empereur.

Des indemnités.

55. Chacun des membres qui composent les sections de l'Académie jouit de l'indemnité entière de 1,500 francs qui lui est accordée par l'ordonnance du 21 mars 1816 ; cependant il est prélevé sur cette indemnité une somme de 300 francs pour former un fonds de droits de présence à répartir seulement entre les membres qui assistent aux séances de l'Académie.

56. A cet effet, et pour constater cette assis-

tance, chacun signe en entrant une liste de présence, qui est close et arrêtée par le Secrétaire perpétuel au moment de l'ouverture de la séance.

57. Les droits de présence des absents, quel que soit le motif de leur absence, accroissent à ceux qui assistent à la séance (1).

58. Tout membre qui s'absente plus d'une année sans l'agrément de l'Académie est censé avoir donné sa démission, à moins qu'il n'ait reçu une mission ou une autorisation expresse du gouvernement.

Des correspondants.

59. Le nombre des correspondants de l'Académie ne peut pas excéder cinquante. Ils sont choisis parmi les étrangers et les regnicoles non domiciliés à Paris, qui, par leurs connaissances, leurs talents et leurs ouvrages, sont propres à seconder l'Académie dans ses travaux.

Leur classification étant la même que celle des académiciens ordinaires et libres, ils sont répartis de la manière suivante :

Peintres. 14
Sculpteurs. 8
Architectes 8

(1) L'Académie a dérogé à cet article, par arrêté du 4 novembre 1820, en faveur des octogénaires.

Graveurs 4
Compositeurs de musique. . . 6
Correspondants libres 10

60. Ils sont élus, ainsi qu'il a été dit (art. 50), sur une liste de trois candidats au moins, de cinq au plus, présentée, pour les peintres, sculpteurs, architectes, graveurs, compositeurs de musique, pour la section compétente, et pour les correspondants libres, par une commission composée conformément à l'article 44. L'Académie complète les listes de présentation, selon le mode indiqué par l'article 41 *bis*.

61. Lorsqu'ils se trouvent à Paris, les correspondants assistent aux séances de l'Académie, et prennent part à toutes les discussions qui ont les arts pour objet.

EXTRAITS

DES

PROCÈS-VERBAUX DE L'ACADÉMIE

CONTENANT

DES ARRÊTÉS RÉGLEMENTAIRES.

DISPOSITION RELATIVE AUX CORRESPONDANTS,

Adoptée dans la séance du 11 décembre 1847.

Tout correspondant qui aura fixé son domicile à Paris perdra, après un an de séjour dans la capitale, à partir du jour où l'Académie aura pris cette décision, son titre de correspondant.

DISPOSITION RELATIVE AUX FUNÉRAILLES DES MEMBRES DE L'ACADÉMIE,

Adoptée dans la séance du 27 novembre 1847.

L'Académie décide que les membres de la section à laquelle appartient le défunt seront tenus, ainsi que les membres du bureau, à assister aux obsèques, en costume d'Institut, et que, de plus, une commission composée des derniers membres de chaque section et d'un académicien libre, de l'élection la plus récente, sera nommée dans la première séance de chaque année et renouvelée tous les ans, pour se joindre aux membres précédemment désignés, pareillement en costume.

FONDATIONS ET LEGS

FAITS A L'ACADÉMIE.

---

*Extrait du testament de M. Alhumbert, en date
du 4 mars 1817.*

Je donne et lègue à l'Académie des Sciences et
Arts de Paris 3oo francs de rente perpétuelle sur
l'État, pour fonder un prix annuel pour les progrès
des sciences et arts ; j'entends que les arrérages
courent au profit de l'Académie à compter du jour
de mon décès.

---

*Extrait du testament de madame veuve Leprince,
en date du 14 octobre 1824.*

Je donne et lègue à l'Académie royale des
Beaux-Arts, faisant partie de l'Institut de France,
3,000 francs de rentes perpétuelles sur l'État,

dont cette Académie jouira à compter du jour de mon décès. Je fais ce legs pour contribuer au perfectionnement des beaux-arts. En conséquence, je veux qu'annuellement cette rente soit distribuée, savoir : 1,000 francs à celui qui aura remporté le premier prix de sculpture, 1,000 francs à celui qui aura remporté le premier prix de peinture, 600 francs à celui qui aura remporté le premier prix d'architecture, et 400 francs à celui qui aura remporté le premier prix de gravure. Dans le cas où ces premiers prix ou aucun d'eux n'auraient été obtenus dans ces quatre arts, je veux que la portion qui devait être attribuée à celui de ces arts pour l'année où il n'y aura pas de prix d'obtenu, soit remise à celui ou à ceux qui, dans les années précédentes, auront obtenu les premiers prix, et qui, se trouvant pensionnaires de l'État à Rome, auront envoyé le meilleur ouvrage dans l'art où il n'y aura pas eu de premier prix d'obtenu.

———

Extrait du testament de M. Deschaumes, en date du 2 août 1825.

Je lègue un capital de 10,000 francs à la classe des Beaux-Arts de l'Institut royal de France, avec l'autorisation du roi, pour le produit annuel de 500 francs de rentes perpétuelles être donné à titre d'encouragement à un jeune architecte, le moins favorisé de la fortune, à la condition qu'il vivra avec une ou plusieurs sœurs dans la plus parfaite union, et qu'il aura donné des preuves d'une excellente moralité et des vertus fraternelles.

Ce prix, donné chaque année au jeune architecte choisi par la classe des Beaux-Arts de l'Institut, sera consacré au profit de l'architecture, délivré à la modeste aisance et au triomphe de l'amitié fraternelle, et en mémoire de cette amitié si vertueuse, si féconde, si remplie de charme, qui a existé entre ma céleste sœur et moi.

Le prix pourra être donné plusieurs années de suite ; si la classe des Beaux-Arts ne trouvait pas de sujet assez méritant, il sera donné au même architecte peu avancé dans ses études, marquant des dispositions dans son art, mais toujours vivant avec une ou plusieurs sœurs vertueuses, et qui aurait été couronné les années précédentes, le tout à la volonté et d'après la sagesse des membres de la classe des Beaux-Arts de l'Institut.

Tous les cinq ans, le produit de cette rente, au lieu d'être délivré à un jeune architecte, sera consacré à un jeune poëte vivant avec sa sœur et ayant les mêmes qualités que le jeune architecte requises ci-dessus. Ce prix de concours sera donné au jeune littérateur ou poëte qui aura en outre fait le plus bel éloge de l'amitié fraternelle entre le frère et la sœur; et s'il lui plaît de jeter quelques fleurs sur l'auteur du prix d'amitié qui aura lieu tous les cinq ans, je lui demande une immortelle pour ma sœur et une pensée pour moi.

Art. 24. Le restant de ma succession, après toutes mes dispositions remplies, le restant, s'il y a lieu, après que tout sera payé, formant un capital quelconque et quel qu'il soit, sera ajouté au capital de 10,000 francs légués à l'Institut, pour augmenter d'autant sa rente de 500 francs annuels (1) consacrés au jeune architecte et au triomphe de l'amitié fraternelle, le tout comme supplément, et conformément à l'article 3 du présent testament.

Extrait du testament de M. Bordin, en date du 26 mai 1835.

Je donne et lègue à l'Institut royal de France 12,000 francs de rente 5 pour cent de consolidés sur l'État. Cette rente sera divisée et répartie chaque année entre l'Académie Française, l'Académie des Inscriptions et Belles-Lettres, l'Académie des Sciences et l'Académie des Beaux-Arts, à raison de 3,000 francs de rente pour chacune des trois premières Académies, et de 2,500 francs

---

(1) Ce reliquat, avec les arrérages, a produit une somme de 11,154 francs.

de rente pour l'Académie des Beaux-Arts, pour, par lesdites Académies, faire annuellement de la portion de rente dévolue à chacune d'elles l'emploi qui va être ci-après fixé....

Quant aux 5oo francs de rente de surplus, ils resteront à la disposition de ce corps, pour le couvrir et l'indemniser des frais et dépenses annuelles que pourront lui occasionner les détails d'exécution des dispositions relatives à la distribution des prix qui seront ci-après fondés, que chaque Académie devra faire tous les ans, jusqu'à concurrence de la portion de rente à elle attribuée.

L'Institut sera saisi de cette rente de 12,000 fr. du jour de mon décès; mais son entrée en jouissance ne commencera que du jour du décès de madame Bordin, si elle me survit, attendu l'usufruit qu'elle aura pendant sa vie de l'universalité des biens de ma succession. Cette rente de 12,000 francs sera fournie à l'Institut, soit par le transfert qui lui sera fait de pareille quotité de rentes à prendre dans celles de même nature que je délaisserai, soit, à défaut, par l'achat qui en sera fait des deniers de ma succession. L'inscription de cette rente de 12,000 francs devra être délivrée au profit de ma femme pour l'usufruit pendant sa vie, si elle m'a survécu, et au nom de l'Institut pour la nue-propriété, à laquelle se réunira la jouissance au décès de ma femme. Elle sera inaliénable par l'Institut, le tout conformément et aux termes de l'acte qu'il conviendra de passer préalablement entre mes légataires universels et les délégués ou représentants de l'Institut, pour constater l'origine, la cause et le but de ladite inscription, et motiver la raison pour laquelle elle doit être inaliénable par l'Institut.

Les portions de rente attribuées à chaque Académie, dans la rente totale de 12,000 francs, serviront à fournir et composer les prix que je fonde par mon présent testament, jusqu'à concurrence de la valeur desdites portions de rente, pour être délivrées annuellement par chaque Académie aux auteurs qui auront le mieux rempli les programmes et traité les sujets, soit en prose, soit en vers, qu'elle aura proposés. La première distribution des prix n'aura lieu, comme de raison, qu'après l'expiration de l'année dans laquelle l'Institut sera entré en jouissance de ladite rente de 12,000 francs. Le nombre et la valeur de ces prix seront tous les ans déterminés par les programmes, en sorte que chaque année la portion de rente appartenant à chaque Académie pourra composer un ou plusieurs prix de quotités différentes, suivant l'importance, la nature et la difficulté des sujets à traiter. Les juges du concours pourront même, d'après la manière satisfaisante dont le programme aura été rempli et la supériorité du travail de l'un des concurrents sur les compositions des autres, annuler les portions divises qui auront été d'abord fixées et les réunir en un moindre nombre, ou même en une seule, en faveur de l'auteur de la meilleure composition. Les sujets mis au concours auront toujours pour but l'intérêt public, le bien de l'humanité, les progrès de la science et l'honneur national. Si même un ouvrage important, en prose comme en vers, soit dans la littérature, soit dans les sciences, soit dans les arts, avait été récemment publié et paraissait digne, par son mérite et la supériorité de talent avec lequel il aurait été traité, d'une distinction éclatante et d'une honorable rémunération, l'Institut entier, sur la proposition de l'Académie que la matière traitée concernerait plus particulièrement, pourra suspendre dans ce cas, en tout ou en partie, les concours et distributions des prix d'une année, et remettre et délivrer le montant des prix suspendus à l'auteur de l'ouvrage, fût-il même membre de l'Institut, et ce, à titre d'honneur, de reconnaissance et d'encouragement. Cette résolution sera prise par l'Institut en corps, sur une convocation spéciale, en la forme ordinaire de ses délibérations, et il en sera délivré une ampliation à l'auteur lors de la remise qui lui sera faite de la somme qui lui aura été allouée.

Dans le cas où, par des motifs et considérations que je ne puis prévoir, l'Institut de France ou la Compagnie des notaires de Paris n'auraient pas jugé convenable d'accepter les legs que je leur ai faits sous les conditions y attachées, ou n'auraient pu en obtenir l'autorisation, si elle était nécessaire, je vais disposer de la manière suivante du montant de chacun desdits legs, qui deviendra ainsi caduc.

Si c'était le legs fait à la Compagnie des notaires de Paris relativement à la fondation par moi faite d'une école de notariat, dont j'ai confié la direction et la surveillance à ladite Compagnie, l'institution de cette école n'aurait point lieu par ce seul fait. Ce legs deviendrait nul dans sa totalité, et les fonds que j'y ai consacrés seront répartis ainsi qu'il suit :

Premièrement, je donne et lègue à l'administration des hospices de Paris. . . . .
. . . .

Deuxièmement, je donne et lègue à l'Institut de France, sur ledit legs fait à la Compagnie des notaires de Paris, qui serait devenu caduc, les 3,000 francs de rente formant l'autre moitié des 6,000 francs de rente 5 pour cent consolidés sur l'État, que j'avais légués à ladite Compagnie des notaires, ce qui, joint aux 12,000 francs de rente de même nature par moi déjà légués à l'Institut, portera la totalité de son legs à 15,000 francs de rente sur l'État, desquels 3,000 francs de rente de supplément il reviendra et appartiendra 500 francs de rente à l'Académie des Beaux-Arts, pour lui compléter, avec les 2,500 francs de même rente qui lui ont été déjà légués, 3,000 francs de rente comme aux trois premières Académies, et les 2,500 francs restants reviendront et appartiendront à l'Académie des Sciences Morales et Politiques, pour les employer chaque année en distribution de prix, conformément et ainsi qu'il a été ci-devant réglé et déterminé pour les quatre autres Académies, et sous les mêmes charges et conditions qui leur sont imposées.

Extrait du testament de M. le comte de Maillé-Latour-Landry, en date du 25 mars 1839.

Je lègue à l'Académie Française et à l'Académie royale des Beaux-Arts une somme de 30,000 fr. pour la fondation d'un secours à accorder chaque année, au choix de chacune de ces deux académies alternativement, à un jeune écrivain ou artiste pauvre dont le talent, déjà remarquable, paraîtra mériter d'être encouragé à poursuivre sa carrière dans les lettres et les beaux-arts.

Ce capital sera employé en rentes sur l'Etat, et s'appellera *Prix comte de Maillé-Latour-Landry.*

Extrait du testament de M. Lambert, en date du 30 juin 1849.

 .   .   .   .

Comme toutes mes dispositions sont (en grande partie) en faveur d'artistes ou hommes de lettres ou leurs veuves, je désire qu'une commission de deux membres, nommée par l'Institut, s'unisse à M. Foucher pour s'entendre sur l'exécution de ce testament.   .   .   .   .

 .   .   .   .

Ces deux objets terminés, l'Institut s'occuperait de distribuer, de mes 3,629 francs de rentes, des secours à de pauvres artistes, peintres, musiciens, hommes de lettres ou leurs veuves. Je commence par désigner une rente viagère de 1,200 fr. de rentes, que je lègue à Benoît Mozin, compositeur, professeur de piano, demeurant rue Hauteville, 57, et avant avenue de Gentilly, 12, près des Gobelins. Cette rente viagère serait reversible sur madame Mozin ; mais monsieur et madame morts, cette rente retournerait à l'Institut pour être distribuée avec ce qui reste des 3,629 francs à de pauvres artistes vieux, ou, comme motif d'encouragement, à de jeunes artistes pour une production remarquable ; alors ce legs prendrait le titre de *Prix Lambert.*   .   .   .   .

 .   .   .   .

Les dons distribués aux malheureux artistes, ou hommes de lettres, seraient intitulés : *Bienfaisance Lambert.*

Par un décret en date du 11 juillet 1853, le montant de la rente sera partagé également entre l'Académie Française et l'Académie des Beaux-Arts, qui sont chargées d'en faire emploi suivant les intentions du testateur.

———

Extrait du testament de M. le baron de Trémont, en date du 5 mai 1847.

. . . .

Il sera fondé deux prix d'encouragement de *mille francs* chacun, mis à la disposition de l'Académie des Beaux-Arts de l'Institut, pour être décernés par elle à deux jeunes peintres ou statuaires et à un musicien pauvres et distingués dans leurs études. Les élèves qui auront obtenu le grand prix de Rome n'y participeront qu'à leur retour, et dans le cas seulement où le manque de travaux les mettrait dans la gêne. Je désire que les seconds prix appellent principalement l'attention de l'Académie. Lorsqu'elle le jugera convenable, elle pourra partager l'encouragement, ou le différer, et encore le continuer au même sujet.

La peinture d'histoire aura d'abord la préférence, ensuite le paysage, puis les autres genres.

En cas d'absence de sujets de grande espérance, l'Académie pourra faire son choix parmi les élèves en architecture et en gravure.

Extrait de la donation de mademoiselle Leclère, en date du 26 mai 1855.

Mademoiselle Louise-Henriette-Esterre Leclère, voulant honorer la mémoire de M. Achille Leclère, son frère, architecte, membre de l'Institut de France, et perpétuer le souvenir de l'intérêt qu'il portait aux études des jeunes architectes de l'École des Beaux-Arts de Paris, a déclaré faire donation à l'Académie des Beaux-Arts de *mille francs* de rente 3 pour cent sur l'État français.

Cette donation est faite aux conditions suivantes :

1° La somme de *mille francs* devra être affectée, exclusivement, chaque année, à récompenser l'élève architecte de l'École des Beaux-Arts qui aura obtenu dans les concours annuels ouverts par l'Académie des Beaux-Arts, le premier second grand prix d'architecture.

2° Cette récompense recevra la dénomination de *Prix Achille Leclère*, et devra être décernée chaque année en même temps que le premier second grand prix.

3° Dans le cas où, par exception, un premier second grand prix d'architecture ne serait pas décerné dans l'un des concours annuels, la section d'architecture de l'Académie déterminerait le meilleur emploi à faire, dans l'intérêt des études des jeunes architectes, de la somme de 1,000 francs devenue disponible.

Extrait du testament de M. Jean Chartier, en date du 27 avril 1858.

Je donne et lègue à l'Institut de France, classe de l'Académie des Beaux-Arts, une rente annuelle de 700 francs pendant cent ans, à partir du jour de mon décès, en faveur des meilleures œuvres de musique de chambre, trios, quatuors, quintetti et sextuors qui approchent le plus des chefs-d'œuvre en ce genre de Boccherini, Haydn, Mozart, Beethoven, Onslow, Mendelssohn, Weber, Spohr, Fesca, Benincori, Reber, Mayseder, Bertini, Hummel, Kuhlau, Reissiger, Reicha, Krommer, avec ou sans piano, pour instruments à vent ou instruments à cordes. La somme de 700 francs ci-dessus pourra être divisée en deux prix, si MM. les membres de l'Académie des Beaux-Arts le jugent convenable; dans le cas de non-distribution des prix ci-dessus, qui seront dé-

livrés soit en numéraire, soit en médailles, l'Académie pourra disposer des sommes qui leur seront
affectées, en récompense aux éditeurs de musique
qui feraient graver et donneraient de nouvelles
éditions des chefs-d'œuvre les plus remarquables
des compositeurs désignés ci-dessus, dont les plan-
ches sont cassées ou anéanties, ou bien encore re-
porter sur l'année suivante les sommes qui seraient
restées sans emploi.

ARTICLES

*Adoptés dans les séances du 24 juillet 1844 et du
29 mars 1845.*

Chaque année, à la séance publique, après la
distribution des grands prix, les noms des artistes
appelés à la jouissance de ces legs seront proclamés, et ceux des bienfaiteurs rappelés à la reconnaissance publique.

La rente provenant du legs Deschaumes pourra
être accordée durant quatre années de suite à un
architecte qui se trouvera, autant que possible,
dans les conditions de ce legs, c'est-à-dire qui fera
preuve de talents et de vertus domestiques (1).

La même rente annuelle de 1,200 fr. servira,
chaque cinquième année, à doter un concours de
poésie, qui s'ouvrira pour la scène lyrique à
mettre en musique au concours de composition
musicale.

Il sera ouvert, chaque année, un concours de
poésie, dont le sujet sera la scène lyrique à mettre

(1) Voyez l'*Extrait du testament*, page 26.

en musique pour le concours de composition musicale, et une médaille de 3oo fr. (1) sera accordée à l'auteur de la pièce de vers qui aura été jugée la meilleure.

(1) La médaille a été portée, par un vote du 9 août 1863, à 500 fr. par une somme complémentaire prise sur une rentrée de fonds faite en vertu du même testament.

RÈGLEMENTS

LES CONCOURS AUX GRANDS PRIX

DE

L'ACADÉMIE DES BEAUX-ARTS.

DISPOSITIONS GÉNÉRALES.

Art. 1er. Il est ouvert, tous les ans, un concours public en peinture, en sculpture, en architecture et en musique.

2. Il est ouvert, tous les deux ans, un concours public de gravure en taille-douce.

3. Il est ouvert, tous les quatre ans, un concours public pour la gravure en médailles et en pierres fines.

4.

4. Il est ouvert, tous les quatre ans, un concours public pour le paysage historique.

5. Pour être admis à concourir, il faut être Français ou naturalisé Français, n'avoir pas trente ans accomplis à l'époque fixée pour le premier essai, et être porteur d'un certificat attestant la capacité de l'élève et émané d'un artiste qui, d'après la notoriété publique, se livre à l'enseignement.

Les élèves mariés ne peuvent concourir.

6. Tous les ans, dans le courant de janvier, l'annonce des concours qui auront lieu dans l'année, et de l'époque de chacun de ces concours sera insérée au *Moniteur.*

Cette époque, qui est celle du premier essai, dans chaque concours, est fixée de la manière suivante :

Peinture, dernier jeudi d'avril ;

Sculpture, second jeudi de mai ;

Architecture, second vendredi d'avril ;

Gravure en taille-douce, troisième lundi d'avril ;

Gravure en médailles et pierres fines, deuxième jeudi d'avril ;

Paysage historique, avant-dernier jeudi d'avril ;

Musique, premier samedi de mai.

7. L'Académie des Beaux-Arts choisit, d'après les concours d'essai, les concurrents admis au concours définitif.

8. Le tableau des dispositions générales des concours est affiché dans l'École des Beaux-Arts

et au Conservatoire de musique, huit jours au moins avant l'ouverture de ces concours.

9. Les concours de chaque année sont jugés dans l'ordre déterminé par l'Académie.

10. Les ouvrages des concurrents, pour chaque concours définitif, sont exposés publiquement dans les salles de l'École, pendant trois jours consécutifs; cette exposition est préalablement annoncée au public.

11. Le jugement ne doit avoir lieu qu'après cette exposition publique.

12. Sont exceptés des dispositions des deux derniers articles, les ouvrages de composition musicale.

13. § 1. Les ouvrages qui auront obtenu des premiers grands prix ne pourront être retouchés après le jugement, sous quelque prétexte que ce soit.

§ 2. Ceux qui auront obtenu des seconds prix ou des mentions honorables ne pourront être retouchés avant l'exposition générale des prix.

14. Ces ouvrages sont exposés publiquement à la même époque.

15. L'Académie des Beaux-Arts, dans sa séance du premier samedi d'octobre, distribue les prix remportés dans les concours de l'année.

16. § 1. Les élèves qui ont remporté les premiers grands prix reçoivent un diplôme qui atteste dans quelle section des beaux-arts ils ont

remporté le prix; il leur est décerné une couronne et une médaille d'or; ils vont, aux frais de l'Etat, passer à Rome, ou ailleurs, comme il sera expliqué aux articles 3 et 20 du règlement de l'École de Rome, un nombre d'années déterminé pour chacun des différents arts.

§ 2. Ceux qui remportent les seconds grands prix reçoivent un diplôme, une couronne et une médaille d'or d'une moindre valeur; ils jouissent de l'exemption du service militaire, accordée à tous ceux qui obtiennent les grands prix de l'Institut, en vertu du § 6 de l'article 14 de la loi sur le recrutement de l'armée, ainsi conçu :

« Art. 14. *Seront comptés comme ayant satisfait à la loi sur le recrutement :*

« § 6. *Les jeunes gens ayant remporté les grands prix de l'Institut ou de l'Université.* »

§ 3. Si les juges du concours, après avoir rempli les formalités mentionnées ci-après, décident qu'il y a lieu de décerner un deuxième second grand prix, l'élève qui l'aura obtenu recevra un diplôme et une médaille d'or d'une valeur comparativement moindre; mais il sera également exempté du service militaire, en vertu de l'article ci-dessus.

17. § 1. Les élèves qui ont remporté un second grand prix ne peuvent concourir que pour le premier dans le même art.

§ 2. Ceux qui ont déjà obtenu une mention

honorable ne peuvent prétendre qu'au second ou au premier grand prix.

18. Il sera donné connaissance aux concurrents, avant l'entrée en loges, et des règlements sur les concours, et des obligations imposées à ceux qui remportent le premier grand prix, relativement au départ pour Rome, afin qu'ils ne puissent, par ignorance de ces dispositions, contracter des engagements qui les mettraient hors d'état de se rendre à Rome au temps prescrit.

19. Tous les concurrents reçoivent une indemnité pour frais d'exécution du concours (1).

Cette indemnité sera perdue pour ceux des concurrents qui n'auraient pas rempli les conditions du concours, à moins que l'Académie ne décide qu'il y a des motifs suffisants d'excuse en leur faveur.

20. Dans le cas où les concurrents auraient commis quelques dégradations dans les loges, cette indemnité pourra leur être retirée.

21. Aucun des concurrents ne pourra soustraire son ouvrage au jugement de l'Académie,

---

(1) Cette indemnité est réglée ainsi qu'il suit :

Pour chaque concurrent peintre . . . . 150 fr.
Pour chaque sculpteur. 150
Pour chaque architecte. 100
Pour chaque musicien 50
Pour chaque graveur en taille-douce. 100
Pour chaque graveur en médailles et en pierres fines. 150
Pour chaque paysagiste. 100

sous le prétexte qu'il n'est pas assez avancé, ou pour quelque cause que ce soit.

22. Lorsque tous les jugements sont terminés, le Secrétaire perpétuel de l'Académie adresse au ministre un rapport où sont consignés les résultats des concours des grands prix.

23. Il est tenu par le Secrétaire perpétuel de l'Académie un registre particulier contenant les procès-verbaux de toutes les séances des jugements des concours.

24. La surveillance et le maintien de l'ordre à observer dans les concours sont délégués à l'École des Beaux-Arts, chargée spécialement de l'exécution des règlements relatifs à la surveillance des concurrents.

25. Les loges sont fermées les dimanches et fêtes. Aucun jour supplémentaire ne peut être accordé que pour cause majeure, par une décision de l'Académie, sur un rapport motivé de l'administration de l'École des Beaux-Arts.

26. Si quelque difficulté imprévue entravait l'exécution du règlement, l'administration de l'École prononcerait provisoirement sur le point en litige, et en référerait immédiatement à l'Académie par un rapport adressé à son Président. Celui-ci, après avoir consulté l'Académie, qui appréciera et jugera en dernier ressort, transmettra sa décision à l'administration de l'École, pour la mettre

aussitôt à exécution, et l'avis en sera donné au ministre compétent.

27. Pendant les concours, un extrait des règlements concernant chaque concours est affiché à l'entrée des loges qui y sont affectées.

Toute infraction à la sincérité des concours entraîne la mise hors du concours.

28. Les concurrents sont sous la surveillance de l'Agent de l'École chargé de faire observer les règlements relatifs à la police des concours.

Ils ne doivent introduire dans leur loge aucune personne étrangère à l'École (les modèles reconnus pour tels exceptés), ni s'introduire eux-mêmes dans les loges de leurs camarades, sous peine d'être exclus du concours.

29. L'appel des élèves admis à concourir sera fait à huit heures précises du matin. Ceux qui se présenteront après cet appel terminé ne pourront plus être reçus.

30. Le Secrétaire perpétuel de l'École est chargé d'assurer l'exécution de ces dispositions.

Il a toujours, ainsi que l'Agent de l'École, le droit d'entrer dans les loges.

CONCOURS DE PEINTURE.

Premier concours d'essai.

Art. 1er. Le premier concours d'essai a lieu invariablement le dernier jeudi d'avril.

2. Le jour indiqué, les membres de la section de peinture de l'Académie se réunissent, à sept heures du matin, avec les membres du bureau, et procèdent au choix du programme, suivant le mode qui sera indiqué plus bas. (Voyez les articles 26, 27, 28, 29, 30 et 31.)

3. Le programme est lu aux concurrents par le Secrétaire perpétuel de l'Académie, assisté d'un membre de la section, n'ayant pas, autant que possible, d'élèves au nombre des concurrents.

4. Le sujet de l'esquisse est pris dans la mythologie, dans l'histoire ancienne, sacrée ou profane.

5. La mesure des toiles pour ce premier essai est celle dite de *six*, de 40 centimètres sur 32.

6. L'esquisse doit être peinte et terminée dans le jour. Toute communication avec le dehors est interdite dès la dictée du programme. Aucun objet ne peut être introduit dans le lieu du concours. Les concurrents prendront à cet égard les précautions qu'ils jugeront nécessaires.

Ils seront placés dans les salles du concours conformément aux dispositions prises à l'article 9 pour le placement des esquisses.

7. Les esquisses sont timbrées du timbre de l'Institut le soir même, par un membre de la section de peinture, assisté du secrétaire perpétuel de l'École, après le départ des élèves.

8. Les concurrents mettent leur nom au revers de leur esquisse.

9. Avant le jugement, les esquisses sont exposées publiquement pendant deux heures dans une des salles de l'École.

Dans l'exposition des esquisses, on suivra d'abord l'ordre des succès académiques, pour les élèves connus à l'École, et l'ordre d'inscription sur le registre de l'École pour tous les autres.

Jugement du premier concours d'essai.

10. § 1. La section de peinture de l'Académie, réunie aux membres du bureau, se rassemble, au jour indiqué, dans le lieu de l'exposition des esquisses, sur lesquelles sont placés les numéros d'ordre de l'exposition.

§ 2. Un classement provisoire des esquisses aura été fait le matin par deux membres de la section, les plus jeunes suivant l'ordre du tableau.

§ 3. Les membres du bureau prennent part à toutes les discussions; mais ils n'ont voix délibérative, pour le choix des esquisses, que s'ils font partie de la section.

11. Il est procédé, par scrutin individuel et à la majorité absolue des suffrages, au choix des esquisses dont les auteurs sont admis au second concours d'essai.

12. Le nombre des élèves admis au second concours d'essai ne pourra excéder vingt.

13. Les esquisses admises par ce premier jugement sont déposées au secrétariat de l'École, pour être produites lors du jugement du second concours d'essai, dont elles font essentiellement partie.

14. Immédiatement après le jugement, les noms des élèves admis au second concours d'essai sont affichés dans l'École.

Second concours d'essai.

15. Le second concours d'essai a lieu dans la quinzaine qui suit le jugement du premier concours.

16. Ce concours consiste dans l'exécution d'une figure nue, peinte d'après le modèle vivant, posé par un membre de la section de peinture, n'ayant pas, autant que possible, d'élèves parmi les concurrents, lequel sera désigné huit jours d'avance dans une séance de l'Académie.

17. § 1. Ce concours a lieu dans une des salles

de l'École préparée à cet effet, et disposée de la manière la plus propre à faciliter le travail des concurrents.

§ 2. Les concurrents doivent exécuter leur figure en quatre séances de sept heures chacune (non compris le repos du modèle); ils prendront leurs places suivant leur ordre de réception à ce concours.

18. La mesure de la toile, pour la figure peinte, est celle dite de *vingt-cinq*, de 65 centimètres sur 81.

Jugement du second concours d'essai.

19. Ce second concours est jugé, comme le premier, par la section de peinture réunie au bureau de l'Académie, de la manière qui a été indiquée à l'article 10.

20. Les mêmes formes de jugement sont observées, et la majorité absolue des suffrages est pareillement requise. Les bulletins désignent les ouvrages par les numéros qui leur ont été apposés.

21. Le jugement doit porter à la fois sur la figure peinte et sur l'esquisse du premier concours, celle-ci réunie à la figure, et toutes deux indiquées par un même numéro.

22. Le nombre des élèves admis à concourir ne pourra excéder dix.

23. Immédiatement après le jugement, les noms des élèves admis au concours définitif sont affichés dans l'École, ainsi que la désignation du jour fixé pour le concours définitif.

Concours définitif.

24. Le concours définitif des grands prix de peinture commence ordinairement dans la semaine qui suit le jugement du concours du second essai.

25. Ce concours consiste dans l'exécution d'un tableau d'histoire, dont la toile, de mesure dite de *quatre-vingts*, aura 1 mètre 46 centimètres sur 1 mètre 15 centimètres. L'infraction à cet article entraîne la mise hors du concours.

26. Le jour fixé pour l'ouverture du concours, les membres de la section de peinture, joints au bureau de l'Académie, se réunissent, à sept heures du matin, dans la salle de l'École affectée à cet usage, où ils procèdent au choix du sujet.

27. Chaque membre propose un ou plusieurs sujets du genre qu'on nomme historique, pris dans la mythologie, ou dans l'histoire ancienne, soit sacrée, soit profane.

28. Les seuls membres de la section choisissent ensuite, par scrutin individuel, à la majorité absolue des suffrages, trois des sujets proposés.

29. Si l'un de ces trois sujets, soumis au scru-

tin, obtient l'unanimité, il devient le sujet du concours. Dans le cas où cette unanimité ne se déclare pas au premier tour de scrutin, le sort désigne le sujet du concours.

3o. Le sujet choisi et rédigé, sans qu'aucun des membres présents ait pu quitter la séance, le Secrétaire perpétuel de l'Académie, accompagné de deux commissaires qui n'ont pas, autant que possible, d'élèves parmi les concurrents, porte le programme aux concurrents assemblés dans les loges, et leur en fait lecture.

31. Ce programme est remis à neuf heures du matin, au plus tard. Les membres de la section restent en permanence jusqu'au retour des commissaires, afin d'opérer, s'il y avait lieu, quelque changement au programme.

32. Après que les concurrents ont reçu chacun une copie du programme et une feuille sur laquelle ils doivent, dans une mesure donnée, tracer distinctement leur esquisse, on leur lit les règlements qui assurent l'honnêteté et la régularité des concours, et ils entrent aussitôt dans les loges, qu'ils choisissent selon l'ordre d'admission fixé par le dernier jugement.

33. Les concurrents auront trente-six heures pour faire leur composition.

Le soir de la seconde journée, chaque élève remettra, entre les mains d'un membre de la section de peinture, accompagné du Secrétaire per-

5.

pétuel et de l'Agent principal de l'École, un calque
de son esquisse. Ce calque sera *assez arrêté pour
ne laisser indécise aucune des intentions de l'auteur en ce qui regarde l'expression du sujet et la
pantomime des figures.*

Le motif des principales draperies et l'effet
général du tableau seront indiqués, mais de telle
sorte qu'il n'en résulte aucune confusion.

Toute contravention à ces dispositions motivera la mise hors de concours lors du jugement
définitif.

34. Toute communication avec le dehors est
interdite, dès que la dictée du programme a eu
lieu. Aucun objet ne peut être introduit dans les
loges. Les concurrents prendront à cet égard les
précautions qu'ils jugeront nécessaires.

35. L'esquisse du tableau est, après l'expiration
des trente-six heures, reçue par un membre de la
section de peinture, accompagné du Secrétaire
perpétuel de l'École.

36. Le membre de la section de peinture désigné par l'Académie signe le calque, qui a été signé
aussi par l'élève; l'Agent recueille ces calques dans
un portefeuille qui est scellé du sceau de l'Académie, et remis à la garde du Secrétaire perpétuel
de l'École, pour être reproduit, sous sa responsabilité, le jour de l'exposition du concours.

37. Les esquisses restent à la disposition des
concurrents, sans sortir des loges.

38. La durée du concours est de soixante-douze jours de travail, à partir de la séance de la composition de l'esquisse, qui est faite le jour de la dictée du programme.

39. Aucun mannequin, mobile ou non, drapé hors des loges, ne peut y être introduit.

L'entrée des modèles de femmes est interdite; mais il est permis d'apporter des études peintes ou dessinées, lorsqu'il se trouve des figures obligées de femmes dans le sujet du concours. Ces études devront toujours être nues et d'une dimension différente des figures du tableau; elles seront présentées à l'Agent pour qu'il puisse en prendre note.

Les concurrents ne doivent apporter dans leurs loges, sous aucun prétexte, ni gravures, ni tableaux, ni esquisses ou figures peintes, excepté les études de femmes, ainsi qu'il a été expliqué précédemment.

Toute infraction aux dispositions du règlement sera déférée à l'Académie, et pourra motiver la mise hors du concours.

40. Aucun concurrent ne peut soustraire son ouvrage à l'exposition, sous prétexte qu'il n'est pas terminé, ou pour quelque autre cause que ce soit. Tous les ouvrages doivent être exposés, quel qu'en soit le degré d'avancement. Dans le cas où l'un des concurrents aurait détruit son travail, il perdrait l'indemnité qui lui est accordée, et cette

contravention à l'ordre établi serait rendue publique, de la manière que déciderait l'Académie
des Beaux-Arts.

41. A l'époque déterminée par l'Académie, et
le concours étant clos, les tableaux sont déposés
sous le scellé dans un lieu aéré, jusqu'au jour fixé
pour les vernir et pour préparer l'exposition.

42. La pose et la levée du scellé sont effectuées,
en présence des concurrents et du membre de la
section de peinture, par le Secrétaire perpétuel
de l'École.

43. La levée du scellé se fait le lundi qui précède l'exposition publique, laquelle commence
toujours le mercredi.

Exposition publique.

44. Les tableaux, étant vernis, sont exposés, sur
le même front, à la hauteur de 1 mètre 60 centimètres.

45. L'ordre de réception au concours ne peut
être interverti pour le placement de chacun des
tableaux, lesquels doivent prendre le jour sur le
même angle.

46. Les calques sont retirés du scellé et placés
sous verre, au bas de chaque tableau exposé.

Jugement du concours définitif.

47. Le jugement définitif aura toujours lieu, autant que possible, le dernier samedi de septembre.

Jugement préparatoire.

48. Le jour désigné pour le jugement des grands prix, la section de peinture, présidée par le bureau de l'Académie, s'assemble à onze heures du matin, dans la salle de l'exposition, pour soumettre à un jugement préparatoire les ouvrages exposés avec les calques.

Elle fait vérifier, par deux commissaires qu'elle choisit parmi ses membres, n'ayant pas, autant que possible, d'élèves au nombre des concurrents, si tous les élèves ont rempli les conditions du programme, et se sont conformés à leurs esquisses, ainsi qu'aux dimensions exigées par le règlement.

49. Sur le rapport de ces commissaires, la section propose d'exclure du concours ou d'y maintenir les concurrents, selon que les ouvrages donnent lieu à quelque reproche de contravention, ou en sont exempts.

5o. La section décide ensuite, par scrutin individuel, à la majorité absolue, sans recours au ballottage, à quel numéro doit être accordé le premier grand prix.

51. Ce concours est jugé absolument dans les formes qui sont prescrites aux articles 10 et 19.

52. Dans le cas où la majorité absolue des suffrages est acquise à l'un des ouvrages du concours, la section adjuge ensuite, dans les mêmes formes de scrutin, un second grand prix, un deuxième second grand prix, une ou plusieurs mentions honorables, tant que la majorité négative ne s'y oppose pas.

53. L'opinion de la section sur le mérite absolu ou relatif des ouvrages est recueillie et sommairement motivée dans un procès-verbal signé du Président et du Secrétaire perpétuel de l'Académie. Le chiffre de la majorité sera consigné dans ce procès-verbal, ainsi que le nombre des suffrages obtenus et des scrutins.

Jugement définitif.

54. A une heure après midi, le même jour, l'Académie des Beaux-Arts s'assemble dans le même local.

55. L'assemblée formée, le Secrétaire perpétuel lit le programme du concours, le procès-verbal de la séance tenue par la section, son jugement préparatoire et les motifs de ce jugement.

56. Le Président désigne deux des membres

de la section autres que ceux qui ont été chargés du premier rapport, et n'ayant pas, autant que possible, d'élèves au concours, pour examiner si toutes les conditions du concours et du programme ont été fidèlement remplies, et si les ouvrages sont conformes aux esquisses.

57. D'après ce rapport, l'Académie décide si les concurrents sont maintenus dans le concours, ou si quelqu'un doit en être exclu.

58. En conséquence de la décision, le Président invite l'Académie à voter immédiatement. Les formes observées lors du jugement préparatoire (voyez l'article 50) sont exactement suivies ; on consulte le scrutin individuel, à la majorité absolue des suffrages, sans ballottage, et en posant ainsi la question : *A quel numéro doit être accordé le premier grand prix?*

59. § 1. Dès que le premier prix est décerné, l'Agent de l'École met, sur les ouvrages dont les auteurs ont obtenu un second prix dans les précédents concours, un signe propre à les faire reconnaître.

§ 2. Dans le cas où l'Académie n'aurait pas décerné le premier grand prix, ce premier grand prix est tenu en réserve pour les concours suivants, s'il y a lieu.

60. L'Académie décide de la même manière à quel numéro sera accordé le second grand prix.

61. S'il est fait la proposition d'accorder un deuxième second grand prix, et que cette proposition soit appuyée, il sera procédé par les mêmes formes de scrutin que pour le premier.

62. Il en sera de même pour les mentions honorables, après qu'un signe propre à faire reconnaître ceux des concurrents qui ont déjà obtenu une mention honorable aura été apposé sur les ouvrages.

63. Les noms de ceux qui ont remporté les grands prix sont proclamés à mesure que les jugements sont rendus.

CONCOURS DE SCULPTURE.

Premier concours d'essai.

Art. 1er. Le concours du premier essai en sculpture a lieu invariablement le second jeudi de mai.

2. Le jour indiqué, les membres de la section de sculpture, joints à ceux du bureau, se réunissent à sept heures précises du matin, et procèdent au choix du programme d'après les formes déterminées aux articles 40, 41 et 42.

3. Le sujet de l'esquisse est pris dans la mythologie, dans l'histoire ancienne, sacrée ou profane.

4. Le programme est dicté aux concurrents par le Secrétaire perpétuel de l'Académie, assisté d'un membre de la section, n'ayant pas, autant que possible, d'élèves au nombre des concurrents.

5. La mesure dans œuvre des fonds est de 33 centimètres sur 41.

6. Les encadrements et les bases doivent être placés à angle droit sur la surface donnée.

7. Dans tous les concours de sculpture, les concurrents sont tenus d'employer la même espèce de terre, la terre commune, sous peine de mise hors de concours.

8. Toute communication avec le dehors est interdite dès la dictée du programme. Aucun objet ne peut être introduit dans la salle du concours. Les concurrents prendront à cet égard les précautions qu'ils jugeront nécessaires.

Les concurrents auront trente-six heures pour faire leur esquisse.

L'esquisse devra être arrêtée de manière à ce que le mouvement et le caractère des figures indiquent d'une manière précise le sentiment de la composition. Les principaux motifs des draperies et accessoires indispensables devront être clairement déterminés.

Toute contravention à ces dispositions motivera la mise hors de concours lors du jugement définitif.

9. Le lendemain, après le départ de tous les élèves, les esquisses sont timbrées du timbre de l'Institut par un membre de la section de sculpture, assisté du Secrétaire perpétuel de l'École.

10. Les concurrents mettent leur nom au revers de leur esquisse. Dans l'exposition des esquisses, on suivra d'abord l'ordre des succès académiques, pour les élèves connus à l'École, et l'ordre d'inscription sur le registre de l'École pour tous les autres.

11. Avant le jugement, ces esquisses sont exposées publiquement pendant deux heures dans une salle de l'École.

Jugement du premier concours d'essai.

12. La section de sculpture de l'Académie, réunie aux membres du bureau, s'assemble, au jour indiqué, dans le lieu d'exposition des esquisses, sur lesquelles sont placés les numéros de l'exposition.

13. Les membres du bureau prennent part à toutes les discussions, mais ils n'ont voix délibérative que s'ils font partie de la section.

14. Deux commissaires choisis, autant que possible, parmi les membres de la section qui n'ont pas d'élèves au concours, font, en présence de la section, un classement provisoire pour faciliter le jugement.

15. Il est ensuite procédé au choix des esquisses, au scrutin individuel, et à la majorité absolue
des suffrages.

16. Le nombre des élèves admis au second concours d'essai ne pourra excéder seize.

17. Les esquisses admises par ce premier jugement sont déposées au secrétariat de l'École pour
être produites lors du jugement de second concours d'essai, dont elles font essentiellement partie.

18. Immédiatement après le jugement, les
noms des élèves admis au second concours d'essai
sont affichés dans l'École.

Second concours d'essai.

19. Ce concours a lieu dans la quinzaine qui
suit le jugement du premier essai.

20. Il consiste dans l'exécution d'une figure
nue, modelée d'après le modèle vivant, posé par
un membre de la section de sculpture désigné huit
jours d'avance par l'Académie.

21. Ce concours a lieu dans l'une des salles de
l'École disposée à cet effet.

Le rang pour le choix des places est déterminé
par l'ordre dans lequel les concurrents ont été admis par le précédent jugement.

22. Les concurrents doivent exécuter leur figure
en quatre séances, de sept heures chacune, non
compris le repos du modèle.

23. La mesure dans œuvre du fond, pour les figures modelées, est de 55 centimètres sur 82, non compris la plinthe devant porter la figure.

24. Les encadrements et les bases doivent être placés à angle droit sur le fond.

25. Lorsque ce concours est terminé, après le départ de tous les élèves, les figures sont timbrées par le membre de la section qui a posé le modèle, accompagné du Secrétaire perpétuel de l'École.

26. Avant le jugement, les figures sont exposées publiquement pendant deux heures dans une salle de l'École.

Les figures sont placées suivant l'ordre d'admission des esquisses.

Jugement du second concours d'essai.

27. Ce concours est jugé, comme le premier, suivant la forme prescrite aux articles 12 et 13.

28. Les figures sont jugées, comme les esquisses, par la voie du scrutin individuel, et à la majorité absolue des suffrages. Les bulletins désignent les ouvrages par les numéros qui leur ont été apposés.

29. Le jugement devant porter à la fois sur la figure modelée et sur l'esquisse du premier concours d'essai, celle-ci doit être réunie à la figure, et toutes deux indiquées par un même numéro.

3o. Le nombre des élèves admis à concourir définitivement pour le grand prix de sculpture ne doit pas excéder huit.

3ı. Immédiatement après le jugement, les noms des élèves admis au concours définitif sont affichés dans l'École, ainsi que la désignation du jour fixé pour ce concours.

Concours définitif.

32. Le concours définitif des grands prix de sculpture commence dans la semaine qui suit le jugement du second essai.

Le choix des loges se fait suivant l'ordre de réception des élèves au concours.

33. Ce concours consiste dans un bas-relief, ou une figure de ronde bosse.

34. Les bas-reliefs seront modelés sur un fond de 1 m. 55 cent., sur 1 m. 15 cent. Ce fond sera entouré, sur trois côtés, d'une bordure ayant 0,22 de saillie et 0,3 d'épaisseur ; la base, sur la même saillie, aura 0,4 d'épaisseur.

35. Les bordures sur les bases doivent être placées à angle droit sur la surface donnée.

36. Les figures de ronde bosse auront 1 m. 15 cent. de proportion ; elles seront vérifiées, à défaut de la longueur totale, sur la mesure proportionnelle des membres. Les concurrents qui ne

6.

se conformeraient pas strictement à cette disposition seraient mis hors de concours.

37. Les plinthes auront 8 centimètres de hauteur.

38. Le jour fixé pour l'ouverture de ce concours, la section de sculpture et les membres du bureau de l'Académie s'assemblent, à sept heures précises du matin, dans la salle de l'École assignée pour cette séance, et procèdent au choix du sujet.

39. Avant de procéder à ce choix, il est décidé, au scrutin et à la majorité des suffrages, si le sujet sera traité en bas-relief ou en ronde bosse.

40. Chaque membre présent propose un ou plusieurs sujets, tirés, soit de la mythologie, soit de l'histoire ancienne, sacrée ou profane.

41. Les seuls membres de la section choisissent ensuite, par scrutin individuel, et à la majorité absolue des suffrages, trois des sujets proposés.

42. Si l'un de ces trois sujets, soumis au scrutin, obtient l'unanimité des voix, il devient le sujet du concours. Dans le cas où cette unanimité n'est point obtenue au premier tour de scrutin, le sort désigne le sujet du concours.

43. Le sujet choisi et rédigé, sans qu'aucun des membres présents ait pu quitter la séance, le Secrétaire perpétuel de l'Académie, accompagné de

deux membres de la section, ne comptant pas, autant que possible, d'élèves parmi les concurrents, porte sur-le-champ le programme aux concurrents assemblés dans les loges, et leur en fait la lecture.

44. Ce programme doit être remis à neuf heures du matin, au plus tard. Les membres de la section restent en permanence jusqu'au retour des commissaires, afin de pouvoir, s'il y avait lieu, opérer quelque changement dans la rédaction du programme.

45. Si le programme demande un bas-relief, l'esquisse doit être exécutée sur le fond dont la mesure est prescrite (art. 5). Si le sujet doit être traité en ronde bosse, l'esquisse de la figure aura o,34 de proportion, sur une plinthe de o,o3.

46. Les concurrents auront trente-six heures pour faire leur esquisse.

L'esquisse devra être arrêtée de manière à ce que le mouvement et le caractère des figures indiquent d'une manière précise le sentiment de la composition. Les principaux motifs des draperies et accessoires indispensables devront aussi être clairement déterminés.

Toute contravention à ces dispositions motivera la mise hors de concours lors du jugement définitif.

47. Après la dictée du programme, les concurrents ne peuvent avoir aucune communication

avec le dehors, ni rien introduire dans leurs loges, sous quelque prétexte que ce soit.

48. Après le départ de tous les élèves, les esquisses sont reçues par le membre de la section de sculpture déjà désigné, qui n'ait pas, autant que possible, d'élèves au concours, et timbrées par lui, en présence du Secrétaire perpétuel de l'École, du timbre de l'Institut, lequel timbre sera pris et rapporté au secrétariat de l'Institut.

49. Ces esquisses sont numérotées sur la plinthe par les concurrents, selon l'ordre de leur réception, et en présence de l'Agent de l'École. Elles sont immédiatement moulées.

5o. Les épreuves en plâtre de couleur sont enfermées sous le scellé, et confiées à la garde du Secrétaire de l'École, et sous sa responsabilité, pour être reproduites par lui lors de l'exposition publique du concours.

5i. Aucun concurrent ne peut soustraire son ouvrage à l'exposition, sous prétexte qu'il n'est pas terminé, ou pour quelque autre cause que ce soit. Tous les ouvrages doivent être exposés, quel qu'en soit le degré d'avancement; dans le cas où l'un des concurrents aurait détruit son travail, il perdrait l'indemnité qui lui est accordée, et cette contravention à l'ordre établi serait rendue publique, de la manière que déciderait l'Académie des Beaux-Arts.

52. Les concurrents ne peuvent introduire dans les loges que des plâtres moulés sur nature. Il leur est interdit d'introduire des gravures, des dessins et des calques. Toute contravention à cet article entraîne l'exclusion du concours.

53. L'entrée des modèles de femmes est interdite ; mais il est permis aux concurrents d'apporter des études en plâtre, lorsqu'il se trouve des figures obligées de femmes dans le sujet du concours. Ces études devront toujours être nues et d'une dimension différente de celle des figures du bas-relief.

54. Aucun mannequin, mobile ou non, drapé hors des loges, n'y peut être introduit.

Toute infraction aux dispositions du règlement sera déférée à l'Académie et pourra motiver la mise hors du concours.

55. La durée du concours est de soixante-douze jours de travail, les dimanches et fêtes déduits, y compris le jour de la dictée du programme.

56. Les soixante-douze jours expirés, et la clôture ayant eu lieu le lundi soir qui précède l'exposition publique, le transport des ouvrages dans la salle d'exposition se fait le lendemain, en présence des élèves.

57. Pendant le placement successif des bas-reliefs ou des figures de ronde-bosse, aucun travail n'est permis dans les loges ni dans la salle d'exposition.

58. Lorsque tous les ouvrages sont placés, il est accordé aux concurrents deux heures de travail dans la salle d'exposition, seulement pour réparer les accidents qui ont pu avoir lieu par suite du transport.

59. Aucune personne, autre que les concurrents, les surveillants du concours et les hommes de service, ne peut être admise dans la salle d'exposition, pendant le placement des ouvrages du concours et pendant les deux heures de travail accordées; les modèles en sont formellement exclus.

Exposition publique.

60. Les travaux des concurrents sont exposés sur le même front, à la hauteur de 1 mètre.

61. L'ordre de réception au concours ne peut être interverti pour le placement de chaque bas-relief ou figure; tous les ouvrages doivent prendre le jour sur le même angle.

62. Les figures de ronde bosse, placées sur des selles tournantes, ou bien les bas-reliefs, seront isolés de manière que les juges puissent circuler entre chaque ouvrage.

63. Les figures de ronde bosse seront exposées entre deux barrières, pour que, pendant l'exposition, le public puisse les voir sous tous les aspects.

64. Les esquisses des concurrents sont exposées publiquement, dès le premier jour.

Jugement du concours définitif.

65. Le jugement du concours définitif a lieu le second samedi après le deuxième jour de septembre.

Jugement préparatoire.

66. Le jour désigné, la section de sculpture, présidée par le bureau de l'Académie, s'assemble à onze heures précises du matin dans la salle d'exposition, pour porter un jugement préparatoire sur les ouvrages exposés avec les esquisses.

67. Les membres du bureau prennent part à toutes les discussions, mais dans la forme établie aux articles 13 et 41.

68. Deux commissaires, choisis, autant que possible, parmi les membres de la section qui n'ont pas d'élèves au concours, vérifient si tous les concurrents se sont conformés à leurs esquisses et aux dimensions exigées par le règlement.

69. Sur le rapport de ces commissaires, la section propose d'exclure du concours ou d'y maintenir les concurrents, suivant qu'ils auront observé les règlements ou qu'ils y auront manqué.

70. La section décide ensuite, par la voie du

scrutin, et à la majorité absolue des suffrages, à quel ouvrage elle décerne le premier grand prix. Elle procède de même pour le second prix.

71. Si la section pense qu'il y a lieu à décerner un deuxième second grand prix, ou quelque mention honorable, elle décide ces questions de la même manière.

72. L'opinion de la section sur le mérite des ouvrages est recueillie et sommairement motivée dans un procès-verbal, signé du Président et du Secrétaire perpétuel de l'Académie. Le chiffre de majorité sera consigné dans le procès-verbal. Il y sera fait mention du nombre des suffrages qu'auront obtenus les différents ouvrages, ainsi que du nombre des scrutins qui auront eu lieu.

Jugement définitif.

73. A une heure après midi, le même jour, l'Académie des Beaux-Arts s'assemble dans le même local.

74. Après que le Secrétaire perpétuel a donné lecture du procès-verbal de la séance du jugement préparatoire et du programme, le Président charge deux commissaires, choisis parmi les membres qui n'ont pas d'élèves au concours, et autres que les commissaires de la séance du jugement préparatoire, de vérifier si les ouvrages sont con-

formes aux esquisses et aux dimensions prescrites
par le règlement.

75. D'après ce rapport, et à raison des observations auxquelles il peut donner lieu, l'Académie
décide si quelqu'un des concurrents doit être mis
hors de concours.

76. En conséquence de la décision, le Président
invite l'Académie à voter immédiatement. Les
formes observées lors du jugement préparatoire
(art. 70) sont exactement suivies pour les opérations de ce jugement, ce qui a lieu par scrutin
individuel et à la majorité absolue des suffrages,
sans recours au ballottage, et en posant ainsi la
question : *A quel numéro doit être accordé le premier grand prix ?*

77. Dès que ce premier grand prix est décerné,
l'Agent de l'École met un signe propre à faire reconnaître les ouvrages qui ont obtenu, aux précédents concours, un second prix.

78. Dans le cas où le premier grand prix ne
serait pas accordé, il serait tenu en réserve pour
les concours suivants.

79. Il est procédé de même pour le jugement
du second grand prix.

80. S'il est fait la proposition d'accorder un
deuxième second grand prix ou une mention honorable, et que cette proposition soit appuyée, il
sera procédé, pour adjuger le deuxième second

grand prix et la mention honorable, par les mêmes formes de scrutin.

81. Les noms des concurrents qui ont remporté les prix sont proclamés à mesure que les jugements sont rendus.

CONCOURS D'ARCHITECTURE.

ART. 1er. Il y a trois concours pour les grands prix annuels d'architecture : un *premier concours d'essai*, un *deuxième concours d'essai*, et le *concours définitif*.

2. Tous les élèves et étudiants en architecture sont admis au premier concours d'essai, pourvu qu'ils remplissent d'ailleurs les conditions prescrites à l'article 5 des Dispositions générales, et qu'ils justifient d'études faites dans l'une des écoles publiques d'architecture instituées par l'État, et de succès obtenus dans les différentes branches de cet art, telles que les mathématiques, la géométrie descriptive, la construction et l'architecture proprement dite ; succès qui devront être constatés au moyen de certificats délivrés par les professeurs desdites écoles, dûment légalisés par les autorités locales, et adressés au Secrétaire perpétuel de l'Académie des Beaux-Arts.

Des concours d'essai.

3. Le but de ces concours d'essai est de constater que les élèves ont des connaissances suffisantes pour être admis au concours définitif. Sont exemptés des concours d'essai ceux qui ont précédemment fourni ces preuves de capacité, savoir : 1° les élèves qui ont déjà remporté un second grand prix ; 2° ceux qui ont déjà obtenu d'être admis en loge, et ont rendu en grand le projet sur lequel ils ont été admis ; 3° ceux qui, dans le concours d'émulation de l'École de Paris, ont obtenu une médaille sur projet rendu.

Premier concours d'essai.

4. Le concours d'essai consiste dans la composition d'un projet d'architecture dont l'esquisse, arrêtée à l'encre, doit être terminée, sans désemparer, dans la journée, et remise à l'un des membres de la section d'architecture de l'Académie, désigné par elle à cet effet, qui la timbre du timbre de l'Institut, à onze heures du soir, au plus tard.

5. Le jour indiqué pour le premier concours d'essai, la section d'architecture, réunie aux membres du bureau de l'Académie, se rassemble à sept heures du matin dans une des salles de l'École, et procède au choix du programme, comme il va être dit à l'article 9, pour le concours définitif. Ce

programme est dicté à neuf heures. Les calques ne sont pas admis pour ce concours.

Deuxième concours d'essai.

6. Le deuxième concours d'essai consiste en une composition architecturale dont le programme est choisi de manière à donner lieu principalement à une étude de détails développés sur une échelle suffisante pour permettre d'apprécier le mérite des concurrents.

Ce concours doit être terminé dans la journée.

7. Les formes de ce concours, quant au choix et à la dictée du programme, aussi bien que pour la réception des esquisses, sont les mêmes que celles du premier concours d'essai, décrites aux articles 4 et 5.

8. Le jugement d'admission au concours définitif portant à la fois sur la valeur de l'esquisse du premier essai et sur celle du second, les deux esquisses de chaque concurrent seront réunies et exposées sous le même numéro.

Le lendemain matin du deuxième concours d'essai, les esquisses sont exposées publiquement pendant deux heures, dans la salle de l'Ecole, par l'Agent de l'École, en présence du membre de l'Académie désigné plus haut, et sous un même numéro.

Le même jour, à une heure précise, la section

d'architecture de l'Académie des Beaux-Arts, réunie au bureau de cette Académie, s'assemble, sous sa présidence, dans la salle d'exposition, et choisit au scrutin les meilleures de ces esquisses, sans dépasser le nombre de cinquante qui est le *maximum* des élèves admissibles au concours définitif, y compris celui des élèves exempts des concours d'essai (d'après l'article 3 ci-dessus).

Les membres du bureau prennent part à toutes les discussions; mais ils n'ont voix délibérative, pour le choix des esquisses, que s'ils font partie de la section.

Concours définitif.

9. Le jour indiqué pour le concours définitif, la section d'architecture, réunie aux membres du bureau de l'Académie, se rassemble à sept heures du matin, dans une des salles de l'École, pour donner le programme du grand prix. Les seuls membres de la section proposent un ou plusieurs sujets, dont on forme une liste, sur laquelle trois sujets sont choisis par le scrutin et à la majorité absolue des voix de la section seulement.

Si l'un de ces trois sujets soumis au scrutin obtient l'unanimité, il devient le sujet du concours. Dans le cas où cette unanimité ne pourrait être obtenue au premier tour de scrutin, le sort désigne le sujet du concours; aussitôt, il est procédé à la discussion et à la rédaction définitive du programme. Cette rédaction étant arrêtée, sans qu'aucun des membres présents ait pu quitter la séance, le Secrétaire perpétuel de l'Académie, accompagné de deux commissaires (dont l'un est l'auteur du programme), porte sur-le-champ ce programme aux concurrents assemblés dans le lieu du concours, et leur en fait la lecture.

Le programme doit être remis à neuf heures du matin, au plus tard, et rester exposé dans la salle du concours.

10. Au moment de l'entrée du Secrétaire perpétuel et des deux commissaires dans le lieu où les concurrents sont assemblés, les portes sont fermées, et, dès ce moment, les concurrents ne doivent avoir aucune communication avec le dehors. Aucun objet d'une nature quelconque ne pourra être introduit. Les concurrents prendront à cet égard les précautions qu'ils jugeront nécessaires.

11. Les membres de la section restent en permanence jusqu'au retour des commissaires, afin de pouvoir opérer quelque changement dans la rédaction du programme, s'il y avait lieu.

12. Les esquisses faites d'après le programme choisi doivent être arrêtées à l'encre d'une manière invariable. Le concours terminé, ces esquisses sont remises au membre de la section d'architecture désigné plus haut, qui les timbre du timbre de l'Institut; elles doivent toutes être rendues et con-

signées le lendemain à neuf heures précises du matin.

Les calques sont inadmissibles.

Il n'y a pas d'exposition publique de ces esquisses ; elles sont exposées seulement pour le jugement auquel elles doivent être soumises et dont il est parlé ci-après. A cet effet, elles reçoivent chacune un numéro.

13. A une heure, le même jour, la section d'architecture, réunie aux membres du bureau, s'assemble dans la salle d'exposition. Deux commissaires, choisis, autant qu'il se peut, parmi les membres de la section qui n'ont point d'élèves au concours, examinent les esquisses pour vérifier si elles sont conformes aux mesures et aux conditions prescrites par le programme, et font un rapport d'après lequel la section juge s'il y a lieu d'exclure quelque esquisse du concours.

14. Le Secrétaire perpétuel fait ensuite lecture du programme ; puis le Président pose cette question : *Y a-t-il lieu d'admettre des concurrents à concourir pour le grand prix ?* Cette question étant résolue par l'affirmative, il est procédé successivement au scrutin individuel et à la majorité absolue des suffrages recueillis entre les seuls membres de la section, sans ballottage, et par voie d'élimination, au choix des meilleures esquisses. Ces esquisses devront être revêtues d'un

sceau jusqu'au moment où les concurrents seront admis à en prendre des calques.

15. Le nombre des concurrents à réserver dans cette élimination est de huit au plus.

16. En vertu de ce jugement, les seuls concurrents admis sont réunis le surlendemain, de dix heures du matin à quatre heures de l'après-midi, dans une salle de l'École, où, en présence du membre de la section, chacun d'eux prend un calque *au crayon* de son esquisse, pour l'exécution en grand de son projet. Aucun d'eux ne peut calquer à l'encre, ni séparément de ses concurrents.

17. Immédiatement après l'opération des calques, les esquisses originales admises pour le concours sont timbrées de nouveau par le membre de la section, réunies en une boîte fermée à clef et scellée du sceau de l'Institut. Cette boîte est remise avec la clef à la garde du Secrétaire perpétuel de l'École. Ce même jour, il est fait lecture aux concurrents réunis des règlements qui prescrivent l'ordre et les conditions à observer pour la régularité du concours.

18. Les loges destinées à recevoir les concurrents sont tirées au sort entre eux.

Le même mode et le même tirage déterminent l'ordre des projets à l'exposition publique.

19. Les concurrents sont tenus de dessiner dans leur loge leurs projets au net; mais les études de ces projets peuvent être faites au dehors et sur pa-

pier bulle seulement, ce papier n'étant pas admis
pour les dessins au net.

Toute infraction aux dispositions du règlement
sera déférée à l'Académie, et pourra motiver la
mise hors de concours.

A cet effet, tous les papiers destinés aux dessins
au net seront exactement visés et contre-signés
sur les collures par le membre de la section, auquel les dessins au net seront remis aussitôt qu'ils
seront terminés.

Jugement du concours définitif.

20. Le jour fixé pour la remise des projets mis
au net, l'Agent fera exposer (sans noms, lettres,
ni numéros) les projets rendus et les esquisses originales qui y correspondent, dans la salle de l'É-
cole, en sorte qu'ils puissent être vus trois jours
par le public. Les places, numérotées d'abord, seront tirées au sort entre les concurrents.

Aucun dessin, autre que ceux qui sont demandés par le programme, n'est admis à l'exposition.

Jugement préparatoire.

21. Au jour désigné pour le jugement, la section d'architecture, réunie aux membres du bureau de l'Académie, s'assemble, à onze heures du

matin, dans la salle d'exposition, pour procéder au jugement préparatoire des projets exposés.

Les ouvrages seront distingués par numéros, sans aucune indication de noms.

Deux commissaires, pris, autant que possible, parmi les membres de la section qui n'aient pas d'élèves au concours, sont chargés de vérifier si les concurrents se sont conformés à toutes les conditions du concours, ainsi qu'aux données du programme, et si les projets rendus sont conformes à leurs esquisses.

Est mis hors de concours tout projet qui ne serait pas lavé ou terminé entièrement, au trait, à l'encre.

Sur le rapport de ces commissaires, la section propose d'exclure du concours les projets qui n'ont pas satisfait aux conditions ci-dessus indiquées.

Ensuite, il est décidé, par la voie du scrutin, à la majorité absolue des suffrages des membres de la section seulement, à quel numéro elle est d'avis que le premier grand prix soit décerné.

22. La section décide de la même manière, et par les mêmes formes de scrutin, à quel numéro sera accordé le second grand prix.

S'il est fait la proposition d'accorder un deuxième second grand prix ou une mention honorable, et que cette proposition soit appuyée, il sera procédé, pour adjuger le deuxième second grand prix et la mention honorable, par les mêmes formes de scrutin.

L'opinion de la section sur le mérite des ouvrages est motivée dans un procès-verbal signé du Président et du Secrétaire perpétuel de l'Académie. Le chiffre de la majorité sera consigné dans ce procès-verbal, où il sera aussi fait mention du nombre des suffrages qu'auront obtenus les différents ouvrages, ainsi que du nombre des scrutins qui auront eu lieu.

Jugement définitif.

23. A une heure de l'après-midi, le même jour, l'Académie des Beaux-Arts s'assemble dans le même local.

L'assemblée formée, le Secrétaire perpétuel fait lecture du programme, puis du procès-verbal de la séance du jugement préparatoire, lequel contient le résultat et les motifs de ce jugement.

Ensuite, le Président désigne deux commissaires, pris, autant que possible, parmi les membres de la section qui n'ont pas d'élèves au concours, et autres que les premiers, pour faire un rapport sur la question de savoir si toutes les conditions du concours et du programme ont été fidèlement remplies par les concurrents, et si les projets rendus sont conformes aux esquisses.

D'après ce rapport, l'Académie décide si tous

les concurrents sont maintenus au concours, ou si quelqu'un d'entre eux en est exclu.

. L'Académie procède ensuite, par la voie du scrutin, et à la majorité absolue dés suffrages, sans ballottage, au choix du projet qui mérite le premier grand prix. Les bulletins portent le numéro de l'ouvrage.

24. Dès que le premier grand prix a été décerné, l'Agent de l'École place, sur les ouvrages dont les auteurs ont obtenu déjà un second prix, un signe propre à les faire reconnaître.

Dans le cas où le premier grand prix ne serait pas décerné, il serait tenu en réserve pour les concours suivants.

25. L'Académie procède dans les mêmes formes de scrutin pour décerner, s'il y a lieu, le second grand prix.

S'il est fait par un membre de l'Académie la proposition d'accorder, soit un deuxième second grand prix, soit quelque mention honorable, et que cette proposition soit appuyée, il est procédé à une décision dans les mêmes formes de scrutin.

26. Les noms des élèves qui ont remporté les grands prix et les mentions honorables sont proclamés à mesure des jugements rendus, et consignés aux procès-verbaux de l'Académie.

CONCOURS DE PAYSAGE HISTORIQUE.

Art. 1ᵉʳ. Le concours de paysage historique a lieu de quatre ans en quatre ans. L'ouverture en est invariablement fixée à l'avant-dernier jeudi d'avril.

2. Le prix et les avantages attachés à ce concours, sont en tout les mêmes que pour le concours de peinture historique, si ce n'est que la durée de la pension n'est que de quatre ans.

3. Le sujet du concours de paysage est constamment du genre noble et historique.

4. Le sujet est donné aux concurrents par la section de peinture réunie aux membres du bureau, dans les formes établies pour le concours de peinture historique.

5. L'annonce de ce concours sera publiée à deux reprises, savoir : une première fois dans le courant de janvier de l'année où ce concours doit avoir lieu, et une seconde fois, un mois avant l'ouverture du concours.

6. L'admission au concours de paysage historique est précédée de deux concours d'essai.

Premier concours d'essai.

7. Le premier concours d'essai consiste en une esquisse de paysage historique peinte. Le sujet en

est donné le matin par la section de peinture réunie aux membres du bureau, dans les formes déterminées aux articles 2 et suivants des règlements de la peinture historique.

La mesure de la toile pour cette esquisse est celle dite de *huit*, ou de 38 centimètres sur 46.

Les concurrents auront trente-six heures pour faire leur esquisse.

Le soir du dernier jour, ils remettront au délégué de l'Académie, accompagné du Secrétaire perpétuel de l'École, un calque exprimant nettement les lignes, les masses et les plans qui forment leur composition. Le motif des figures et autres accessoires indispensables devra être aussi indiqué clairement, l'effet général exprimé de telle façon que, loin d'être une cause d'incertitude, il serve à l'intelligence de l'ensemble.

Toute contravention à ces dispositions motivera la mise hors de concours, lors du jugement définitif.

Jugement du premier concours d'essai.

8. La section de peinture, réunie aux membres du bureau, fait, selon les formes établies pour la peinture historique, le choix des concurrents qui seront admis au second concours d'essai. Leur nombre ne pourra excéder seize.

Second concours d'essai.

9. § 1. Ce concours est composé de trois épreuves et dure dix jours ; il a lieu, ainsi que le précédent, dans les loges choisies par les concurrents, selon leur rang d'admission, sous la surveillance de l'Agent, qui doit empêcher qu'il ne soit apporté de l'extérieur aucune étude.

§ 2. Les dix jours de ce concours seront distribués de manière qu'il en soit employé *six* pour la peinture de l'arbre, *trois* pour la figure peinte, et *un* pour le dessin perspectif.

§ 3. L'espèce de l'arbre et le sujet des figures qui l'accompagneront seront déterminés le matin du jour de l'ouverture du concours, par la section de peinture, d'après un certain nombre de sujets proposés par elle et tirés au sort.

Cet arbre devra se détacher sur le ciel.

La mesure de la toile est celle dite de *quarante*, c'est-à-dire de 1 mètre sur 81 centimètres. Les figures auront au moins 12 centimètres de proportion.

§ 4. Le premier jour de ce concours, les concurrents seront tenus de laisser un calque de leur composition, qui, après avoir été timbré par le membre de l'Académie désigné à cet effet, demeurera sous le sceau de l'Académie, pour être reproduit lors du jugement du concours définitif. Ce calque sera fait sur un papier fourni par l'École.

Il devra représenter exactément la composition de l'arbre et des figures qui l'accompagnent; il n'est point permis d'y rien changer.

10. Les concurrents seront tenus, de plus, d'exécuter une figure nue, peinte d'après nature, de la dimension de 42 centimètres, sur une toile dite de *dix*. Ce concours aura lieu en commun, en trois séances de sept heures chacune, non compris le repos du modèle.

11. Les concurrents exécuteront en outre, dans un jour, un dessin perspectif d'après le programme donné le matin par un membre de la section de peinture que l'Académie aura désigné d'avance. Ce dessin sera fait sur une demi-feuille de papier grand-aigle.

Jugement du second concours d'essai.

12. Au jour indiqué, la section de peinture s'assemble, sous la présidence du bureau de l'Académie, dans le local d'exposition des ouvrages, et fait, dans les formes prescrites pour les concours de peinture historique (art. 19 et 20), le choix des concurrents qui doivent être admis au concours définitif.

13. Huit concurrents au plus peuvent être admis au concours définitif.

Concours définitif.

14. Le jour indiqué pour l'ouverture de ce concours, le section de peinture s'assemble, sous la présidence du bureau de l'Académie, à sept heures précises du matin, dans une des salles de l'École.

15. Il est procédé au choix du sujet du paysage historique de la même manière et avec les mêmes formes de scrutin que pour le concours de peinture historique. (Voyez les articles 27, 28, 29 et 3o.)

16. La mesure du tableau, le temps donné pour l'exécuter, les règlements de surveillance intérieure, sont les mêmes que pour le concours de peinture historique.

17. Les concurrents auront trente-six heures pour faire leur esquisse.

Le soir du dernier jour, ils remettront au délégué de l'Académie, accompagné du Secrétaire perpétuel de l'École, un calque exprimant nettement les lignes, les masses et les plans qui forment leur composition. Le motif des figures et des autres accessoires indispensables devra aussi être indiqué clairement; l'effet général exprimé de telle façon que, loin d'être une cause d'incertitude, il serve à l'intelligence de l'ensemble.

Toute contravention à ces dispositions motivera la mise hors de concours, lors du jugement définitif.

18. Aucun tableau, aucune étude, aucune estampe, ne doivent être apportés dans les loges. Il est pourtant permis aux concurrents d'introduire des études de femmes ou d'animaux, mais d'une grandeur double au moins de celle des figures du tableau.

19. Les figures devront avoir 12 centimètres au moins et 24 centimètres au plus de proportion.

20. Le présent règlement sera lu aux concurrents à leur entrée en loge.

Toute infraction aux dispositions du règlement sera déférée à l'Académie et pourra motiver la mise hors du concours.

Jugement préparatoire.

21. Au jour indiqué pour le jugement du concours définitif, la section de peinture se rassemble, avec les membres du bureau de l'Académie, à onze heures du matin, dans la salle d'exposition de l'École, pour soumettre à un jugement préparatoire les tableaux exposés avec les calques. Elle fait vérifier par deux commissaires qu'elle choisit parmi ses membres, n'ayant pas, autant que possible, d'élèves dans le concours, si tous les concurrents ont rempli les conditions du programme, et

se sont conformés à leurs esquisses, ainsi qu'aux dimensions exigées par le règlement.

22. Sur le rapport des commissaires, la section propose d'exclure du concours ou d'y maintenir les concurrents, selon que les ouvrages donnent lieu à quelque reproche de contravention, ou bien en sont exempts.

23. La section décide ensuite, par scrutin individuel, et à la majorité absolue, sans ballottage, à quel numéro doit être accordé le premier grand prix.

24. Le concours est jugé dans les formes prescrites aux articles 10, 19 et 51 des règlements des concours de peinture historique.

25. Si la majorité absolue des suffrages est acquise à l'un des ouvrages, la section procède dans les mêmes formes pour un second grand prix, et, s'il y a lieu, un deuxième second grand prix et des mentions honorables.

26. L'opinion de la section sur le mérite des ouvrages est motivée dans un procès-verbal signé du Président et du Secrétaire perpétuel de l'Académie. Le chiffre de la majorité est consigné dans ce procès-verbal. Il y est aussi fait mention du nombre des suffrages obtenus, ainsi que du nombre des scrutins.

Jugement définitif.

27. A une heure de l'après-midi, le même jour, l'Académie des Beaux-Arts s'assemble dans le même local.

28. L'assemblée formée, le Secrétaire perpétuel lit le programme et le procès-verbal de la séance du jugement préparatoire, lequel contient le résultat et les motifs de ce jugement.

29. Ensuite, deux membres de l'Académie, n'ayant pas, autant que possible, d'élèves parmi les concurrents, et autres que les commissaires du jugement préparatoire, sont désignés par le Président pour faire un rapport sur la question de savoir si toutes les conditions du concours et du programme ont été remplies et si les ouvrages sont conformes aux esquisses.

30. D'après ce rapport, l'Académie décide si tous les concurrents sont maintenus au concours, ou si quelqu'un en sera exclu.

31. En conséquence de la décision prise par l'Académie, le Président invite l'assemblée à voter immédiatement. Les formes observées lors du jugement préparatoire (art. 23) sont suivies pour les opérations de ce jugement; ce qui a lieu par scrutin individuel, à la majorité absolue des suffrages, sans ballottage, et en posant ainsi la première question : *A quel numéro doit être accordé le premier grand prix ?*

32. Dès que le premier prix est décerné, l'Agent de l'École met, sur les ouvrages dont les auteurs ont obtenu un second prix dans les précédents concours, un signe propre à les faire reconnaître.

33. Le Président consulte ensuite de la même manière l'Académie, pour savoir s'il y a lieu de décerner un second grand prix.

S'il est fait la proposition d'accorder, soit un deuxième second grand prix, soit quelque mention honorable, l'Académie délibère sur ces propositions dans les mêmes formes.

34. Les noms des concurrents qui obtiennent les prix ou les mentions sont proclamés après chaque jugement.

CONCOURS DE GRAVURE EN TAILLE-DOUCE.

Art. 1er. Il y a tous les deux ans un concours pour le grand prix de gravure en taille-douce ; il est précédé d'un concours d'essai.

L'époque de l'ouverture de ce concours est invariablement fixée au troisième lundi d'avril.

2. Tous ceux qui se présentent au concours pour le grand prix de gravure en taille-douce doivent préalablement déposer chez le Secrétaire perpétuel de l'École deux épreuves de gravures faites par eux, dont l'une sera entièrement au burin et l'autre à l'eau-forte pure, sans retouche de

burin ou de pointe sèche. Ces épreuves porteront le certificat du maître sous lequel chacun des concurrents a étudié.

3. Ils y joindront une déclaration signée d'eux, attestant que lesdites gravures sont faites par eux dans leur totalité. Il leur sera délivré de ces pièces un reçu détaillé, et ils seront immédiatement admis au nombre des concurrents pour le concours d'essai.

Tout concurrent qui ferait une fausse déclaration serait mis hors de concours.

Concours d'essai.

4. Le concours d'essai se compose de deux épreuves.

Le jour indiqué, à huit heures du matin, les concurrents, réunis dans la salle du modèle, tirent au sort pour établir leur rang. Il en est fait une liste, d'après laquelle chaque concurrent, sur l'appel qui se fait, choisit sa place pour dessiner une figure, d'après le modèle vivant posé par un membre de la section de gravure ou de peinture de l'Académie, désigné huit jours d'avance.

5. Cinq jours sont accordés, à cinq heures de travail chacun, non compris le repos du modèle, pour dessiner, sur papier blanc, cette figure, qui aura 50 centimètres de proportion.

6. Le lundi suivant, à huit heures du matin,

les concurrents se réunissent à l'École pour y dessiner, sur papier blanc, une figure d'après l'antique, placée par le membre de l'Académie désigné plus haut.

7. L'appel pour le choix des places se fera d'après la liste ci-dessus mentionnée, mais cette fois en commençant par le dernier et poursuivant jusqu'au premier.

8. Cinq jours sont accordés pour exécuter ce second dessin, depuis huit heures du matin jusqu'à deux heures de l'après-midi.

9. Il y aura, de dix heures à midi, une exposition publique des deux dessins, en y joignant les gravures exécutées par les concurrents.

Jugement du concours d'essai.

10. Le samedi de la même semaine, la section de gravure, à laquelle auront été adjoints par le scrutin trois membres de la section de peinture, s'assemble à une heure, sous la présidence du bureau, dans le local de l'École où sont exposés les dessins des concurrents d'après le modèle vivant et d'après l'antique, ainsi que leurs estampes comprises dans l'exposition publique.

11. Le Président consulte la section sur la question de savoir s'il y a lieu d'admettre les élèves au concours définitif. Les membres du bureau prennent part à toutes les discussions; mais la

voix délibérative n'appartient qu'aux membres de la section de gravure et aux trois membres adjoints par l'Académie.

12. Le nombre des concurrents admis au concours définitif sera de huit au plus.

Concours définitif.

13. Le lundi suivant, les concurrents choisis exécuteront un dessin d'après une figure antique, placée par le membre de l'Académie mentionné plus haut.

14. Pour les places, ils suivront le rang que leur aura assigné le jugement du concours d'essai.

15. Chaque dessin est fait sur papier blanc de la dimension indiquée à l'article 5, tendu soit sur châssis, soit sur carton. Quand le dessin est terminé, il y est apposé le timbre de l'Académie par le membre désigné plus haut.

16. Il est accordé six jours, à cinq heures de travail chaque jour, pour l'exécution de ce dessin.

17. Le lundi suivant, les concurrents se rendent à huit heures du matin à l'École, où ils trouvent un modèle vivant posé par le membre de l'Académie.

Pour le choix des places, l'ordre est fixé à l'article 14.

Les ouvrages des élèves seront faits sur papier

blanc, de la dimension qui est indiquée pour les dessins du concours d'essai.

18. Il est de même accordé six jours pour faire ce dessin, à cinq heures de travail, non compris le repos du modèle, posé à huit heures du matin.

19. Le dessin devra être scellé dans son cadre, aux quatre coins, du sceau de l'Académie, en présence du membre de l'Académie déjà désigné.

La planche de métal portera une estampille, qui sera posée par le même membre.

20. Au jour indiqué, les concurrents entrent en loge pour graver la figure que chacun aura dessinée d'après le modèle vivant, et qu'ils réduiront à la proportion de 32 centimètres.

21. Pour le choix des loges, ils suivent le rang déterminé par le jugement du concours d'essai. Ils restent en loge quatre-vingt-dix jours, y compris celui où ils sont entrés.

22. Aucun concurrent ne peut emporter sa planche, qui reste constamment déposée dans la loge. L'impression des épreuves d'essai se fera dans l'établissement même, en présence d'un surveillant. Cette opération pourra être renouvelée jusqu'à cinq fois pendant la durée du concours. Ces épreuves devront toujours rester dans la loge, et être représentées à la première sommation. Elles seront numérotées, et ne pourront être morcelées.

Les concurrents ne pourront faire, dans leur

loge, d'épreuve totale ou partielle de leur planche,
par quelque procédé que ce soit.

Exposition publique.

23. Il y aura une exposition des ouvrages des
concurrents. Cette exposition se composera du
dessin d'après l'antique, du dessin d'après nature,
et d'une épreuve de la planche, réunis.

Cette épreuve devra être exempte de retouches;
et, pour qu'il en soit ainsi, elle sera remise immédiatement après l'impression au secrétaire de l'É-
cole, qui la fera placer dans un cadre scellé.

Toute contravention aux dispositions du règlement sera déférée à l'Académie et pourra motiver
la mise hors du concours.

Jugement préparatoire.

24. Le jour indiqué, à onze heures du matin,
la section de gravure et les trois membres pris
dans la section de peinture s'assemblent avec les
membres du bureau de l'Académie, et sous sa présidence, dans le lieu d'exposition des ouvrages des
concurrents.

25. Deux commissaires sont nommés pour vérifier si toutes les conditions requises ont été observées par les concurrents. Ces commissaires
devront, autant que possible, être pris parmi les

membres de la section qui n'auront pas d'élèves au concours.

26. Sur le rapport de ces commissaires, la section propose d'exclure du concours ou d'y maintenir les concurrents, selon que les ouvrages donnent lieu à quelque reproche de contravention, ou bien en sont exempts.

27. La section décide ensuite, par scrutin individuel et à la majorité absolue, sans ballottage, à quel numéro doit être accordé le premier grand prix.

28. Le concours est jugé absolument dans les formes prescrites aux articles 10, 19 et 51 des règlements pour la peinture historique.

29. Si la majorité absolue des suffrages est acquise à l'un des ouvrages du concours, la section procédera dans les mêmes formes pour adjuger un second grand prix.

30. Lorsqu'il y aura lieu d'accorder un deuxième second grand prix ou des mentions honorables, cette proposition sera mise aux voix et décidée à la majorité des suffrages.

31. L'opinion de la section sur le mérite absolu ou relatif des ouvrages est recueillie et sommairement motivée dans un procès-verbal signé du Président et du Secrétaire perpétuel. Il sera fait mention du nombre de voix obtenues et des scrutins qui auront eu lieu.

Jugement définitif.

32. A une heure de l'après-midi, le même jour, l'Académie des Beaux-Arts s'assemble dans le même local.

33. L'assemblée formée, le Secrétaire perpétuel fait lecture du procès-verbal de la séance du jugement préparatoire, où sont consignés le résultat et les motifs de ce jugement.

34. Ensuite, le Président désigne deux des membres de l'Académie, qui n'aient pas, autant que possible, d'élèves parmi les concurrents, et qui soient autres que les deux premiers, pour faire un rapport sur la question de savoir si toutes les conditions du concours et du programme ont été remplies par les concurrents.

35. En conséquence de la décision prise par l'Académie, le Président invite l'assemblée à voter immédiatement. Les formes observées lors du jugement préparatoire (art. 27) sont exactement suivies pour les opérations de ce jugement; ce qui a lieu par scrutin individuel et à la majorité absolue des suffrages, sans recours au ballottage, en posant ainsi la question : *A quel numéro doit être accordé le premier grand prix ?*

36. Dans le cas où l'Académie n'aurait pas décerné le premier grand prix, ce premier grand prix est tenu en réserve pour les concours suivants.

37. Dès que le premier prix a été décerné, l'Agent de l'École place sur les ouvrages dont les auteurs ont obtenu un second prix dans les précédents concours un signe propre à les faire reconnaître.

38. L'Académie est ensuite invitée par le Président à voter sur le second grand prix; ce qui a lieu de la même manière que pour le premier.

S'il est fait la proposition d'accorder, soit un deuxième second grand prix, soit quelque mention honorable, l'Académie se prononce sur ces propositions dans les mêmes formes.

39. Les noms des concurrents qui obtiennent les prix ou les mentions sont proclamés après chaque jugement.

CONCOURS DE GRAVURE EN MÉDAILLES

ET EN PIERRES FINES.

Art. 1er. Il y a tous les quatre ans un concours pour le grand prix de gravure en médailles et en pierres fines.

L'époque de ce concours est invariablement fixée au deuxième jeudi d'avril.

2. Tous ceux qui veulent concourir pour ce grand prix sont tenus de déposer au secrétariat de l'École, avant le jour indiqué pour ce concours,

quelques ouvrages de gravure en médailles et en pierres fines, qui témoignent de leur capacité dans l'un et l'autre genre, et qui soient accompagnés du certificat d'un maître.

3. Ils y joindront une déclaration signée d'eux, attestant que lesdits ouvrages sont faits par eux dans leur totalité. Il leur est délivré de ces pièces un reçu détaillé, et ils sont inscrits immédiatement au nombre des concurrents pour le premier concours d'essai. Quiconque fera une fausse déclaration sera mis hors de concours.

Ce concours est précédé de deux concours d'essai.

Premier concours d'essai.

4. Le jour indiqué pour le concours, les concurrents font une esquisse modelée en terre sur un sujet pris dans la mythologie, dans l'histoire ancienne, sacrée ou profane. Ce sujet est donné par la section de gravure de l'Académie, à laquelle auront été adjoints trois membres de la section de sculpture.

Le choix du programme se fait suivant le mode déterminé pour le concours de sculpture (art. 2 et 38). Cette esquisse aura pour mesure 32 centimètres sur 41, et pour relief *maximum* 5 centimètres. Toute communication avec le dehors est interdite, dès que la dictée du programme a eu lieu.

Aucun objet, d'une nature quelconque, ne peut être introduit dans le lieu du concours. Les concurrents prendront à cet égard les précautions qu'ils jugeront nécessaires.

Les concurrents auront trente-six heures pour faire leur esquisse.

L'esquisse devra être arrêtée de manière à ce que le mouvement et le caractère des figures indiquent d'une manière précise le sentiment de la composition. Les principaux motifs des draperies et des accessoires indispensables devront aussi être clairement déterminés.

Toute contravention à ces dispositions motivera la mise hors de concours, lors du jugement définitif.

5. Les encadrements et les bases doivent être placés à angle droit sur la surface donnée. Dans tous les concours, les élèves sont tenus d'employer la même espèce de terre, la terre commune, sous peine de mise hors de concours.

6. Le programme est dicté aux concurrents par le Secrétaire perpétuel de l'Académie, qui doit être assisté d'un membre de la section de sculpture ou de gravure, n'ayant pas, autant que possible, d'élèves au nombre des concurrents.

7. Les concurrents mettent leur nom au revers de leur esquisse.

8. Le soir même, après le départ de tous les élèves, les esquisses sont timbrées par un membre

de l'Académie désigné huit jours d'avance, et assisté du Secrétaire perpétuel de l'École.

9. Avant le jugement, ces esquisses, ainsi que les ouvrages déposés au secrétariat, sont exposées publiquement, pendant deux heures, dans une salle de l'École.

Jugement du premier concours d'essai.

10. Au jour indiqué, la section de gravure, assistée des membres de la section de sculpture désignés (art. 4), s'assemble à une heure de l'après-midi, avec le bureau de l'Académie, dans la salle où sont exposées les esquisses, ainsi que les ouvrages déposés, qui ont fait partie de l'exposition publique.

11. Les membres du bureau prennent part à toutes les discussions, mais ils n'ont voix délibérative qu'autant qu'ils appartiennent à la section de gravure ou font partie des trois sculpteurs adjoints par l'Académie.

12. Il est ensuite fait choix, par la voie du scrutin et à la majorité absolue des suffrages, du nombre d'esquisses dont les auteurs doivent être admis au second concours d'essai.

Ce nombre ne pourra excéder douze.

13. Les esquisses admises par ce premier jugement sont déposées au secrétariat de l'École, pour être produites lors du jugement du second con-

cours d'essai, dont elles font essentiellement partie.

14. Immédiatement après le jugement, les noms des élèves admis au second concours d'essai sont affichés dans l'Ecole.

Second concours d'essai.

15. Les concurrents admis au second concours d'essai se rendent, au jour indiqué, dans la salle du modèle, pour y exécuter, sur un fond de 64 centimètres sur 50, une figure de la grandeur de ce fond, d'après le modèle vivant posé par le membre de l'Académie désigné plus haut (art. 8).

Les encadrements et les bases doivent être placés à angle droit sur le fond.

Le rang pour le choix des places est déterminé par l'ordre dans lequel les concurrents ont été admis par le précédent jugement.

16. Il est accordé pour ce concours d'essai quatre jours, à six heures de travail par jour, non compris le repos du modèle.

17. Lorsque ce concours est terminé, après le départ de tous les élèves, les figures sont timbrées par le membre de l'Académie, en présence du Secrétaire perpétuel de l'École.

18. Avant le jugement, les figures sont exposées publiquement, pendant deux heures, dans une

salle de l'École. Ces figures sont placées suivant l'ordre d'admission des esquisses.

Jugement du second concours d'essai.

19. Au jour indiqué, il est procédé, selon les formes prescrites aux articles 10 et 11, au choix des concurrents qui doivent être admis au concours définitif. Les esquisses du premier concours d'essai doivent être réunies aux figures.

20. Le nombre des concurrents aux grands prix ne doit pas excéder six.

21. Immédiatement après le jugement, les noms des élèves admis au concours définitif sont affichés dans l'École, ainsi que la désignation du jour fixé pour ce concours.

22. Les concurrents entrent en loge le jour qui leur est indiqué.

Le choix des loges se fait suivant l'ordre de réception des figures.

Concours définitif.

23. Le matin du jour choisi pour ce concours, à sept heures, la section de gravure, à laquelle ont été adjoints trois membres de la section de sculpture, comme il a été dit plus haut, s'assemble sous la présidence du bureau de l'Académie, pour rédiger le programme d'un sujet qui devra,

être modelé en terre, puis gravé, soit sur acier, soit sur pierre fine. La section déterminera, en même temps, de quelle manière sera exécuté ce sujet, soit sur acier, soit sur pierre fine, en creux ou en relief.

Le choix du programme se fait suivant le mode déterminé pour le concours de sculpture (art. 40, 41, 42, 43).

24. Le sujet est porté aux concurrents en loge par le Secrétaire perpétuel de l'Académie, accompagné de deux commissaires, n'ayant pas, autant que possible, d'élèves au concours, et copie du programme est donnée à chacun des concurrents.

25. Ce programme doit être remis aux concurrents à neuf heures du matin au plus tard.

26. Les concurrents ont la journée pour faire l'esquisse du sujet donné. Cette esquisse doit être exécutée en terre, sur un fond de 32 centimètres de diamètre.

27. Pendant cette journée, aucun des concurrents ne doit ni sortir de sa loge, ni communiquer avec qui que ce soit du dehors, sous peine de mise hors de concours.

28. Après le départ de tous les élèves, les esquisses sont reçues par le membre de l'Académie, et timbrées par lui du sceau de l'Académie, en présence du Secrétaire perpétuel de l'École.

29. Ces esquisses, moulées immédiatement, sont numérotées sur la plinthe par les concur-

rents, selon l'ordre de leur réception, en présence de l'Agent de l'École.

30. Les esquisses enfermées sous le scellé sont confiées à la garde du Secrétaire de l'École et sous sa responsabilité, pour être reproduites par lui lors de l'exposition publique du concours.

31. D'après cette esquisse, à laquelle ils sont tenus de se conformer rigoureusement, les concurrents exécutent en terre et de bas-relief le sujet du programme, sur un fond de 80 centimètres de diamètre et dans la grandeur même de ce fond.

32. Chaque concurrent est tenu d'exécuter ce même sujet, soit sur acier, soit sur pierre fine, soit en creux, soit en relief, ainsi que l'aura déterminé la section constituée comme il a été dit aux articles 4 et 10.

33. Il est, en outre, donné aux concurrents une empreinte en relief d'une tête antique gravée, soit sur pierre fine, soit en médaille, et chacun est tenu d'en faire une copie.

34. Il est entendu que chaque concurrent devra graver cette tête en pierre fine, si le sujet du programme s'exécute sur acier, et sur acier, si c'est en pierre fine que ce sujet s'exécute. Il est aussi entendu que cette tête sera gravée en creux, si le programme s'exécute en relief, et en relief, s'il s'exécute en creux.

35. Les concurrents ont quatre-vingt-seize jours

de travail pour exécuter en loge ces différents ouvrages.

36. Les concurrents ne peuvent introduire dans les loges que des plâtres moulés sur nature, ou des mannequins de femmes, pourvu qu'ils ne soient pas drapés hors des loges, et qu'ils soient d'une proportion différente de celle des figures du bas-relief.

37. Les concurrents ne peuvent emporter hors de leur loge soit leur coin, soit leur pierre fine, qui doivent être fixés à l'établi sur lequel ils travaillent, et scellés du sceau de l'Académie, de manière à ne pouvoir en être séparés sans effraction.

Une tentative de séparation motiverait la mise hors de concours. Il en serait de même, si les concurrents essayaient d'emporter hors de loge une empreinte de leur ouvrage.

Toute contravention aux dispositions du règlement sera déférée à l'Académie, et pourra motiver la mise hors de concours.

Exposition publique.

38. Pour le placement des ouvrages et pour l'exposition publique, sont adoptées les mêmes dispositions que pour le concours de sculpture.

Jugement préparatoire.

39. Le jour indiqué, la section de gravure, constituée comme il a été dit aux articles 4 et 10, s'assemble, à onze heures du matin, sous la présidence du bureau de l'Académie, dans la salle de l'École où sont exposés les ouvrages des concurrents.

40. Deux commissaires, choisis, autant que possible, parmi les membres de la section qui n'ont pas d'élèves au concours, vérifient si tous les concurrents se sont conformés à leurs esquisses, ainsi qu'aux dimensions prescrites par le règlement.

41. Sur le rapport de ces commissaires, la section, constituée comme il a été dit plus haut, propose d'exclure du concours ou d'y maintenir les concurrents, suivant qu'ils auront observé le règlement, ou bien qu'ils y auront manqué.

42. L'assemblée décide ensuite, par la voie du scrutin et à la majorité absolue des suffrages, à quel ouvrage elle décerne le premier grand prix. Elle procède de même pour le second prix.

43. Le concours est jugé absolument dans les formes prescrites aux articles 13, 27 et 67 des règlements pour les concours de sculpture.

44. Si l'assemblée pense qu'il y a lieu à décerner un deuxième second grand prix, ou quelque men-

tion honorable, elle décide ces questions de la même manière que dans les autres concours.

45. L'opinion de la section sur le mérite des ouvrages est recueillie et motivée dans un procès-verbal signé du Président et du Secrétaire perpétuel de l'Académie. Le chiffre de la majorité sera consigné dans le procès-verbal, ainsi que le nombre des scrutins qui auront eu lieu.

Jugement définitif.

46. A une heure de l'après-midi, le même jour, l'Académie s'assemble dans le même local.

47. Lecture faite, par le Secrétaire perpétuel, du procès-verbal de la séance du jugement préparatoire et du programme, le Président charge deux commissaires, choisis, autant que possible, parmi les membres de la section qui n'ont pas d'élèves au concours, et autres que les deux premiers, d'examiner si les ouvrages sont conformes aux esquisses et aux dimensions prescrites par le règlement.

48. D'après le rapport des commissaires, l'Académie décide si tous les concurrents sont maintenus au concours ou si quelqu'un en sera exclu.

49. L'Académie procède ensuite, par la voie du scrutin et à la majorité absolue des suffrages, sans ballottage, au choix de l'ouvrage qui mérite le premier grand prix.

Il est procédé de même pour le jugement du second grand prix.

S'il est fait la proposition d'accorder un deuxième second grand prix ou quelque mention honorable, et que cette proposition soit appuyée, l'Académie délibère sur ces propositions dans les mêmes formes de scrutin.

50. Les noms des concurrents qui obtiennent les prix ou les mentions sont proclamés après chaque jugement.

CONCOURS DE COMPOSITION MUSICALE.

ART. 1er. Le concours annuel pour le grand prix de composition musicale a lieu le premier samedi de mai.

Un avis inséré dans les feuilles publiques invite, un mois d'avance, tous ceux qui veulent concourir à se faire inscrire, à cet effet, au secrétariat de l'Institut, et à justifier qu'ils remplissent les conditions requises.

2. Les concurrents devront produire le certificat d'un maître, constatant qu'ils ont suivi un cours d'études musicales qui les rend capables de concourir pour les grands prix de musique.

3. Au jour et à l'heure indiqués pour l'ouverture du concours d'essai, la section de musique,

réunie aux membres du bureau de l'Académie, s'assemble dans une des salles du secrétariat de l'Institut.

Concours d'essai.

4. Les élèves admis au concours d'essai composeront une fugue à quatre parties au moins, dont ils recevront le sujet au moment d'entrer en loge.

Chacun des membres de la section de musique devra fournir un sujet de fugue. Le sort désignera celui de ces sujets qui devra être traité par les concurrents.

Ceux-ci sont tenus de composer, en outre, un chœur à quatre voix au moins, pour les voix de soprano, contralto, ténor et basse ; ce chœur sera avec accompagnement à grand orchestre.

Chaque membre présent propose un ou plusieurs sujets, pris dans un texte poétique.

Les seuls membres de la section choisissent ensuite, par la voie du scrutin individuel et à la majorité absolue des suffrages, trois des sujets proposés.

Si l'un de ces trois sujets, soumis au scrutin, obtient l'unanimité des voix, il devient le sujet du concours. Dans le cas où cette unanimité ne pourrait être obtenue au premier tour de scrutin, le sort désignerait le sujet du chœur.

5. Il sera accordé six jours entiers aux concur-

rents pour l'exécution des travaux qui leur sont demandés par l'article précédent. Il est bien entendu que les six jours entiers se passent en loge, sans que les concurrents puissent, sous aucun prétexte, avoir aucune communication avec le dehors.

Toute infraction aux dispositions du règlement sera déférée à l'Académie, et pourra motiver la mise hors de concours.

Jugement du concours d'essai.

6. Peu de jours après, la section de musique, réunie aux membres du bureau, s'assemble pour juger les ouvrages des concurrents et choisir ceux qui doivent être admis au concours définitif.

Les membres du bureau prennent part à toutes les discussions ; mais ils n'ont voix délibérative pour le jugement des ouvrages que s'ils font partie de la section.

Le jugement de la fugue et du chœur se fera simultanément dans une seule et même séance.

Le nombre des concurrents admis au concours définitif est de six au plus.

Concours définitif.

7. § I. Il est ouvert tous les ans un concours de poésie, dont le sujet est une scène lyrique à

trois personnages, destinée à être mise en musique. La veille du jour fixé pour l'ouverture du concours de composition musicale, les membres de la section de musique, réunis à ceux du bureau de l'Académie, procèdent à l'élimination des pièces de vers qui ne sont pas dans les conditions requises. Le jour même du concours, les mêmes membres s'assemblent de nouveau, pour choisir, entre les pièces réservées, celle qui paraîtra plus propre à être mise en musique. Ce choix fait, au scrutin secret et à la majorité absolue des suffrages, les concurrents sont introduits, et il leur est donné lecture de la pièce de vers choisie, dont chacun d'eux prend copie, séance tenante. Après quoi ils sont conduits en loge par le Secrétaire perpétuel de l'Académie, accompagné de deux membres de la section de musique désignés par le Président.

§ 2. La scène lyrique devra être à trois voix, une de soprano, une de ténor et l'autre de basse. Elle comprendra un ou deux airs, un duo et un trio, dont une partie devra, autant que le sujet le comportera, être sans accompagnement, sans compter les récitatifs qui serviront à lier entre elles ces diverses parties.

8. La scène lyrique sera précédée d'une introduction instrumentale dont le caractère sera conforme à celui du sujet.

9. Les concurrents ont vingt-cinq jours pleins pour achever leur travail, sans sortir de leurs loges.

Jugement préparatoire.

10. Au jour indiqué pour le jugement préparatoire, trois jours au plus avant celui du jugement définitif, qui doit être un jour de séance ordinaire de l'Académie, la section de musique s'assemble sous la présidence du bureau, dans une des salles de l'École des Beaux-Arts ; elle examine les partitions des concurrents, et elle entend l'exécution de leur scène par des chanteurs admis par elle. Les concurrents doivent, autant que possible, accompagner eux-mêmes leur scène au piano, et ils se retirent après l'exécution.

Cette opération terminée, le Président pose la question : *A quel numéro sera décerné le premier grand prix?* Les membres du bureau prennent part à la discussion ; mais ils n'ont voix délibérative que s'ils sont membres de la section.

La décision est rendue à la majorité absolue des suffrages, sans recours au ballottage.

11. Si la majorité absolue des suffrages est acquise à l'un des ouvrages du concours, la section procède dans les mêmes formes pour adjuger un second grand prix, puis, s'il y a lieu, un deuxième second grand prix, et une ou plusieurs mentions honorables, tant que la majorité négative ne s'y opposera pas.

12. L'opinion de la section sur le mérite absolu

ou relatif des ouvrages est recueillie et sommairement motivée, dans un procès-verbal signé du Président et du Secrétaire perpétuel. Ce procès-verbal fera mention du nombre de voix acquis à chaque ouvrage et de celui des scrutins qui auront lieu.

Jugement définitif.

13. La séance de l'Académie ouverte, et lecture faite par le Secrétaire perpétuel du jugement de la section, qui jusque-là a dû être tenu secret, les chanteurs admis par elle exécutent, avec accompagnement de piano, la scène lyrique composée par les concurrents, dans l'ordre même de leur admission au concours définitif. Les concurrents devront, autant que possible, accompagner eux-mêmes leur scène ; ils se retirent après l'exécution.

14. Cette épreuve terminée, le Président invite l'assemblée à voter immédiatement. Les formes observées pour le jugement préparatoire sont exactement suivies pour celui-ci, ce qui a lieu par la voie du scrutin individuel et à la majorité absolue des suffrages, sans ballottage, en posant ainsi la question : *A quel numéro doit être accordé le premier grand prix ?*

15. Dans le cas où l'Académie n'aurait pas décerné le premier grand prix, ce premier grand prix

est tenu en réserve pour le concours suivant, s'il y a lieu.

16. Le Président consulte ensuite de la même manière l'Académie, pour savoir à quel numéro sera donné le second grand prix, après avoir fait connaître les numéros qui ont déjà obtenu des seconds grands prix.

17. S'il est fait la proposition d'accorder, soit un deuxième second grand prix, soit quelque mention honorable, et que cette proposition soit appuyée, l'Académie décide ces questions en procédant de la même manière.

18. Les noms des concurrents qui ont remporté les prix ou mentions honorables sont proclamés après chaque scrutin.

19. La scène lyrique qui a obtenu le premier grand prix est exécutée dans la séance publique de l'Académie.

20. S'il n'y a pas de premier grand prix décerné, la scène lyrique à laquelle a été adjugé le second grand prix est exécutée dans la séance publique.

RÈGLEMENTS

DE

L'ACADÉMIE DE FRANCE

A ROME.

NOMINATIONS, TRAITEMENTS.

ART. 1er. Les élèves qui ont remporté les premiers grands prix aux concours annuels de l'Institut sont pensionnés sur les fonds de l'État, savoir :

Les peintres d'histoire,	
Les sculpteurs,	
Les architectes,	pendant 5 années.
Les graveurs en taille-douce,	
Les compositeurs musiciens,	
Les peintres de paysage,	
Les graveurs en médailles,	pendant 4 années.
Les graveurs en pierres fines,	

2. Tout pensionnaire est tenu de se trouver à Rome dans le courant de janvier de l'année où il entre en possession de sa pension ; faute par lui de remplir cette obligation, il perdra son titre et ses droits de pensionnaire, à moins que l'Académie n'en décide autrement, d'après des motifs sérieux.

3. Les pensionnaires jouissent en Italie, en Allemagne ou en France, des droits acquis par les prix qui leur ont été décernés ; et ils sont tenus, pendant la durée de leur pension, à des travaux déterminés suivant l'art que professe chacun d'eux.

4. Les élèves arrivés à Rome se présentent au directeur de l'Académie de France à Rome ; ils ne peuvent être reconnus par lui en qualité de pensionnaires de l'École, qu'autant qu'ils sont porteurs de leur titre revêtu des formes légales.

Cette pièce est enregistrée et remise ensuite au titulaire.

5. Pendant leur séjour, les pensionnaires sont logés et nourris au palais de l'Académie. Les frais de ceux de leurs travaux qui appartiennent à l'État sont supportés par l'État.

6. Les artistes mariés ne pouvant être admis aux concours de l'Académie, ni par conséquent devenir pensionnaires, l'élève qui se marierait pendant son séjour à Rome perdrait sa pension.

7. Le temps des pensionnaires devant être exclusivement consacré à l'étude, il leur est interdit de se livrer à aucun travail de spéculation.

8. Chaque élève, avant son départ de Paris, reçoit une somme de 600 francs pour les frais de son voyage, et il lui est payé, pour son retour en France, une somme de 600 francs sur les fonds de l'Académie de Rome.

9. Il est alloué en outre à chaque élève, pendant son séjour en Italie, une somme annuelle de 2,760 francs, savoir :

1° 1,200 francs pour la nourriture, le chauffage, l'éclairage, le blanchissage.

2° 1,260 francs, qui lui sont comptés en argent, à raison de 105 francs par mois, soit pour son entretien personnel, soit pour les dépenses des travaux d'obligation, soit enfin pour des courses et des recherches spéciales.

3° 300 francs, qui forment un fonds de réserve, dont il est tenu compte aux élèves dans la dernière année de leur pension, lorsqu'ils ont rempli toutes les conditions imposées par le présent règlement.

10. Le tableau de cinquième année du pensionnaire peintre, et qui reste la propriété de l'auteur, pourra être acheté par l'État, lorsqu'il en aura été déclaré digne par l'Académie, dans un rapport spécial adressé au Ministre. Il en sera de même pour la statue, pour le paysage historique, pour la pierre gravée et pour la médaille, qui sont l'objet du travail de dernière année des pensionnaires

sculpteurs, paysagistes et graveurs en pierres fines et en médailles.

Pour la planche qui forme le travail de cinquième année du graveur en taille-douce, il sera accordé par le gouvernement une souscription, lorsque l'Académie l'en aura jugée digne.

L'architecte qui sera dans le même cas, c'est-à-dire qui aura rempli toutes les obligations de sa pension de la manière la plus satisfaisante, d'après le rapport spécial qui en sera adressé par l'Académie au Ministre, sera attaché, en qualité d'auditeur, au conseil général des bâtiments civils.

TRAVAUX DES ÉLÈVES.

ÉTUDES COMMUNES.

11. Le modèle vivant est posé tous les jours, pendant deux heures (excepté les dimanches et fêtes), dans une des salles du palais de l'Académie. Les pensionnaires qui doivent se livrer à cette étude s'y rendent, en été, depuis six heures du matin jusqu'à huit ; et, en hiver, depuis six jusqu'à huit heures du soir.

12. Les galeries de sculpture et d'architecture sont ouvertes aux pensionnaires tous les jours, excepté les dimanches et fêtes.

13. La bibliothèque de l'Académie est ouverte

aux pensionnaires tous les jours, sur leur demande, et leur est exclusivement réservée.

Les livres de la bibliothèque ne doivent pas sortir du palais.

ÉTUDES PARTICULIÈRES.

14. Les études particulières à chaque art, et les droits, aussi bien que les obligations de chaque pensionnaire, sont déterminés par les articles qui suivent.

Le peintre d'histoire, le sculpteur, l'architecte et le graveur en taille-douce passent les cinq années de leur pension en Italie, sauf les absences autorisées ; le peintre paysagiste, ainsi que les graveurs en pierres fines et en médailles, y demeurent aussi leurs quatre années.

PEINTRES D'HISTOIRE.

15. Le pensionnaire peintre sera tenu :

1° Chacune des deux premières années de son séjour à Rome, d'exécuter une figure peinte d'après nature et de grandeur naturelle ; plus, un dessin très-étudié, d'après une peinture des grands maîtres, de deux figures au moins ; plus, un dessin d'après l'antique, soit statue, soit bas-relief ;

2° Dans le cours de la troisième année, une figure peinte, comme ci-dessus, et l'esquisse peinte ou dessinée d'un sujet qui devra être tiré de la mythologie, de l'histoire ancienne, sacrée ou profane ;

3° Dans sa quatrième année, la copie, peinte à l'huile, d'un tableau de grand maître, ou bien des fragments peints ou dessinés, de trois figures au moins, d'après les fresques ou des originaux de grands peintres, à son choix et avec l'approbation du directeur.

Ces fragments copiés seront de la grandeur des originaux ; si toutefois les originaux étaient de proportion colossale, et que l'artiste voulût les réduire, les copies n'auront pas moins de deux mètres de proportion. Chaque pensionnaire fait, de plus, dans la même année, une esquisse peinte, de sa composition, de 65 centimètres au moins, et ne comprenant pas moins de douze figures, dont le sujet soit tiré de la mythologie ou de l'histoire.

(Les copies dont il est parlé ci-dessus appartiennent au gouvernement.)

4° Dans le cours de la cinquième année, un tableau de sa composition, de plusieurs figures de grandeur naturelle, dont le sujet sera pareillement emprunté à la mythologie ou à l'histoire.

Ce tableau est la propriété du pensionnaire, il n'aura pas plus de 4 mètres dans sa plus grande dimension.

16. Le pensionnaire peintre qui n'aura à jouir que

de quatre années de pension à Rome devra, pour remplir ses obligations, exécuter les travaux demandés par le règlement aux pensionnaires pour les quatre dernières années.

Celui qui n'aura que trois années de pension exécutera les travaux demandés pour les trois dernières années.

Les mêmes dispositions sont applicables aux pensionnaires paysagistes.

SCULPTEURS.

17. Le pensionnaire sculpteur doit exécuter :

1° Dans la première année, un bas-relief d'une ou deux figures de grandeur naturelle, dont l'une au moins soit nue, si le sujet de ce bas-relief comporte deux figures. Dans le cas où il ne comprendrait qu'une seule figure, elle serait nécessairement nue.

Il sera tenu, en outre, de faire choix, avec l'approbation du directeur, de la statue qu'il devra copier en marbre pour son travail de deuxième année ; d'exécuter les restaurations qu'il y aurait à y faire, et d'en faire ébaucher le marbre à la grosse gradine.

(Cette copie en marbre appartient au gouvernement.)

11.

2° Pendant le cours de la deuxième année de la pension, il achèvera la copie en marbre ébauchée l'année précédente. A ce travail de la copie sera jointe une tête d'étude exprimant un sujet.

3° Dans la troisième année, une figure de ronde bosse, de sa composition et de grandeur naturelle; plus, l'esquisse très-arrêtée en bas-relief d'une composition importante , ne comprenant pas moins de huit figures ; les figures de cette esquisse auront 40 centimètres de proportion au moins.

4° Dans la quatrième année, le modèle d'une figure de sa composition, de grandeur naturelle, plus, une esquisse d'un groupe en ronde bosse de trois figures au plus, de 40 centimètres de proportion au moins.

5° Dans le cours de sa cinquième année, l'exécution en marbre de la figure dont il aura fait le modèle l'année précédente.

(Cette figure appartient au pensionnaire.)

17 *bis*. Le pensionnaire sculpteur qui n'aura à jouir que de quatre années de pension devra, pour remplir ses obligations :

Dans la première année, exécuter *un bas-relief d'une ou deux figures*, comme il est dit au règlement. Il sera tenu aussi de faire choix, avec l'approbation du directeur, d'une *tête antique très-importante*, qu'il devra copier en marbre pour son travail de deuxième année. Le marbre en sera

choisi et ébauché, mais seulement à la grosse gradine, dans le cours de cette première année.

Dans la deuxième année, il achèvera la *copie en
marbre* de la tête ébauchée l'année précédente, et
à ce travail il joindra une *esquisse de ronde bosse*,
comme il est dit à l'article 17. Il devra, en outre,
modeler une tête d'étude exprimant un sujet.

Dans la troisième année, il fera le modèle d'une
figure de ronde bosse, de sa composition et de
grandeur naturelle ; plus, une *esquisse en bas-relief*, comme il est dit article 17.

Dans la quatrième année, il exécutera en marbre la statue dont il aura fait le modèle l'année
précédente.

18. Le gouvernement fournit les marbres pour
la copie de la statue antique à ébaucher dans la
première année, et pour la figure à exécuter dans
la cinquième.

Il ne paye les frais d'ébauche de la copie et de
la figure de cinquième année que jusqu'à la grosse
gradine inclusivement.

ARCHITECTES.

19. Chaque pensionnaire architecte doit faire :
1° Pendant le cours de chacune des deux premières années de son séjour à Rome, quatre études

de détail, d'après les plus beaux monuments antiques, à son choix et avec l'approbation du directeur; ces détails, dessinés d'après les monuments mêmes, doivent être rendus au quart de l'exécution.

2° Pour son travail de troisième année, il fait également quatre études de détail, et, de plus, une portion, soit de l'édifice antique d'où ces détails sont pris, soit de tout autre édifice antique, à son choix; il en indique les proportions, et en fait connaître la construction.

Il est pris pour l'Académie des Beaux-Arts des calques des dessins de ces trois premières années, qui sont déposés dans ses archives, et les dessins sont rendus aux pensionnaires qui en restent propriétaires.

3° Dans le cours de la quatrième année, il fait les dessins géométraux d'un monument antique de l'Italie, avec l'approbation du directeur; ces dessins seront lavés et exécutés d'après le monument dans l'état où il se trouve; le pensionnaire doit y joindre les dessins arrêtés de la restauration du monument, telle qu'il l'aura conçue, et un précis historique sur son antiquité et sa construction. Il ajoute les détails des parties les plus intéressantes, au quart de l'exécution.

(Les dessins de ces restaurations appartiennent au gouvernement.)

4° Pendant la cinquième année, le pensionnaire fait le projet d'un monument public, de sa

composition et en se conformant aux usages de
la France ; les dessins de ce projet sont terminés,
et en présentent les plans, coupes et élévations,
plus les détails convenables, tant pour la clarté
des idées que pour la construction. Le format de
ces dessins est au moins de la grandeur du papier
grand aigle de Hollande.

(Ces dessins restent la propriété du pensionnaire.)

20. Les pensionnaires architectes seront auto-
risés à faire des excursions, à partir du commencement de la troisième année ; ils communique-
ront leur itinéraire et le but de leur voyage au
directeur de l'Académie, dont ils devront obtenir
l'approbation. Ils pourront aussi faire le voyage
d'Athènes, pour y étudier les antiquités qui s'y
trouvent, et ils emploieront à ces études quatre
mois au plus de leur cinquième année.

21. A leur retour à Rome, ils doivent faire
connaître au directeur de l'Académie le résultat
de leurs travaux, et lui communiquer les dessins
qu'ils auront exécutés.

GRAVEURS EN TAILLE-DOUCE.

22. 1° Chaque pensionnaire graveur devant fré-
quenter habituellement l'école du modèle vivant
et se livrer à l'étude de l'antique, sera tenu d'en-

voyer, à la fin de sa première année, le dessin de deux figures nues, d'après nature, et deux dessins de figures d'après l'antique ; quatre études de fragments ou parties détachées d'après les tableaux ou fresques des grands maîtres ; le dessin d'un beau portrait anciennement peint par quelque maître célèbre, dont l'original sera pris en Italie, et dont le choix sera approuvé par le directeur de l'Académie : ce dessin représentera un buste dont la tête aura 5 centimètres, il aura un fond et sera à l'effet.

2° Le pensionnaire graveur sera tenu, dans la seconde année de son séjour à Rome, de faire, comme l'année précédente, deux études dessinées d'après nature et deux d'après l'antique, et un dessin (d'après un tableau ou une fresque d'un grand maître) d'une figure au moins et de 25 centimètres sur 18 au moins (1) ; la tête aura au minimum 3 centimètres et demi de hauteur et servira pour la planche, qui devra être terminée à la fin de la cinquième année. Il devra en outre déposer entre les mains du directeur de l'Académie, à la fin de cette seconde année, une épreuve de la planche du portrait dessiné par lui dans la première année et ébauché dans le courant de la seconde.

(1) Dans le cas où le choix des sujets exigerait une forme ovale ou arrondie, le pensionnaire aurait toute latitude d'adopter une forme quelconque, pourvu que la hauteur de 25 centimètres fût observée.

Un certificat du directeur, envoyé à l'Académie, constatera l'exécution de cette ébauche.

3° Dans sa troisième année, le pensionnaire graveur fera deux études dessinées d'après nature et deux figures d'après l'antique ; et de plus, un dessin de 40 centimètres au moins, d'après un tableau ou une fresque d'un grand maître. Le choix de la fresque ou du tableau devra être approuvé par le directeur de l'École de Rome.

La planche du portrait dessiné dans la première année, ébauché sur le cuivre dans la seconde, devra être terminée dans la troisième. Le cuivre, accompagné d'une épreuve, fera partie de l'exposition. Cette planche appartiendra à l'École des Beaux-Arts de Paris. L'auteur pourra être autorisé par le Ministre à en tirer jusqu'à la concurrence de trois cents épreuves qui resteront la propriété de l'artiste ; mais cette autorisation ne sera accordée qu'à la fin de la pension et lorsque le pensionnaire aura satisfait à toutes les obligations du règlement. Il pourra en outre en être tiré, sur le rapport de l'Académie et avec l'autorisation du Ministre, un certain nombre d'épreuves qui seront placées dans les établissements publics.

4° Dans la quatrième année, le pensionnaire devra, outre les deux figures nues et les deux d'après l'antique, s'occuper exclusivement de la planche dont il aura exécuté le dessin dans la troisième année.

Un certificat du directeur sera adressé à l'Académie des Beaux-Arts, pour attester que cette planche est entièrement ébauchée.

5° La cinquième année sera employée par le graveur à terminer, à Rome, la planche dont il aura fait le dessin dans la seconde année, et qu'il aura ébauchée dans la troisième et la quatrième.

(Cette planche sera la propriété du pensionnaire.)

22 *bis*. Le pensionnaire graveur en taille-douce qui n'aura que trois années de pension exécutera les travaux demandés pour les trois premières années.

S'il a quatre années, il fera ceux qui sont demandés pour les quatre premières années.

GRAVEURS EN MÉDAILLES ET EN PIERRES FINES.

23. Chaque pensionnaire graveur devra :

1° Dans la première année, une copie modelée d'un bas-relief antique ; les figures de cette copie, s'il y a lieu à réduction, ne doivent pas avoir plus de 65 centimètres ; plus, la copie en creux d'une médaille antique. Tous ces objets d'études sont à leur choix, sauf l'approbation du directeur.

2° Dans la deuxième année, une figure nue d'après nature en bas-relief, de 35 centimètres, en cire; plus, une pierre gravée en creux, et une autre gravée en relief, toutes deux d'après l'antique; en outre, une tête d'étude exprimant un sujet, dans un médaillon de 16 centimètres, en cire, toujours avec l'approbation du directeur.

3° Dans la troisième année, la copie en médaille d'une statue antique, à son choix, avec l'approbation du directeur; plus, l'exécution sur camée de sa tête d'étude de l'année précédente, et, en outre, l'esquisse très-arrêtée d'une médaille, dont le sujet n'aura pas moins de trois figures, sur un champ circulaire de 28 centimètres de diamètre.

4° Dans la quatrième année, un bas-relief de sa composition, de deux figures au moins, de 30 centimètres de proportion, qu'il exécutera en médaille; ce bas-relief devra être modelé en cire et de forme circulaire.

(L'ouvrage de la deuxième année appartient au gouvernement; les autres ouvrages exécutés par le pensionnaire demeurent sa propriété.)

23 *bis*. Le pensionnaire graveur en médailles et en pierres fines qui n'aura que trois années de pension sera dispensé des travaux de première année.

24. Le directeur de l'Académie pourvoit aux frais d'achat de pierres fines, sur les fonds de l'établissement.

PEINTRES PAYSAGISTES.

25. Chaque pensionnaire peintre de paysage exécute :

1° Dans le cours de chacune de ses trois premières années de séjour en Italie, le tableau d'une vue prise sur nature, qui devra avoir 1 mètre 30 centimètres dans sa plus grande dimension. Ces trois tableaux doivent représenter alternativement, mais dans un ordre successif, au choix du pensionnaire, un site de paysage, agreste ou montueux; un site de paysage avec fabriques ou ruines, etc.; un site de paysage, côte marine. Chacun de ces tableaux doit être orné de figures et d'animaux. L'artiste donne par écrit la désignation du lieu d'où chacune de ces vues est prise. Le tableau de la troisième année devra représenter une vue exacte d'un site de l'Italie, dont le choix sera approuvé par le directeur. Le paysagiste fera de plus, dans chacune de ces trois années, deux figures peintes d'après nature, lesquelles devront avoir au moins 42 centimètres de proportion.

2° Dans le cours de sa quatrième année, il fait un tableau de sa composition, dont le sujet sera tiré de l'histoire ancienne, profane ou sacrée, ou de la mythologie, de 1 mètre 60 centimètres au moins.

(Le tableau de troisième année appartient au gouvernement; les autres travaux demeurent la propriété du pensionnaire.)

MUSICIENS COMPOSITEURS.

26. Le compositeur de musique séjourne les deux premières années de sa pension à Rome, et, du consentement du directeur de l'Académie, dans d'autres villes d'Italie où il peut faire des études utiles.

La troisième année, il visite les principales villes de l'Allemagne, telles que Vienne, Munich, Prague et Berlin, en séjournant dans chacune de ces villes tout le temps qu'il juge nécessaire pour son instruction, et en adressant chaque trimestre, à l'Académie des Beaux-Arts, un rapport détaillé sur le cours d'études qu'il y a faites.

27. Chaque pensionnaire musicien est tenu de composer et d'adresser à l'Académie :

1° Pour la première année, deux partitions complètes.

L'une de ces partitions sera un *oratorio* sur des paroles françaises, italiennes ou latines, ou bien, au choix du pensionnaire, un ouvrage de musique sacrée, soit une *messe solennelle*, soit une *messe de requiem*, ou un *Te Deum*.

La seconde partition sera un opéra français ou italien, dont le pensionnaire choisira le livret parmi les ouvrages déjà représentés, à moins qu'on ne lui fournisse un poëme nouveau qui sera agréé par le directeur de l'Académie de France à Rome. Chacune de ces deux partitions aura l'importance d'un opéra en trois actes.

2° Pendant le cours des seconde et troisième années, ce pensionnaire remplira les mêmes obligations, avec cette différence qu'il pourra remplacer l'*oratorio* ou l'ouvrage de musique sacrée par une *symphonie composée de quatre morceaux*, et qu'il devra varier ses travaux de manière que, s'il envoie une année un *opéra italien* et un *oratorio*, il adresse l'année suivante une *messe* et un *opéra français*.

27 *bis*. Le compositeur musicien qui ne jouira que de quatre années de pension, ne devra exécuter que les travaux exigés pour les quatre dernières années.

28. Le compositeur musicien, après avoir joui, pendant son voyage et son séjour en Italie, dans les deux premières années de son pensionnat, des avantages énoncés aux articles 4, 5 et 6, reçoit en Allemagne, pour sa troisième année, et à Paris, pour les deux dernières, une somme annuelle et fixe de 3,000 fr.

29. De retour à Paris, le pensionnaire sera tenu d'écrire, pendant la quatrième année comme pen-

dant la cinquième, un opéra en un acte, soit sur un ancien livret, soit sur un nouveau, qui lui serait confié à titre d'essai, et qui serait soumis à l'appréciation de la section de musique de l'Académie des Beaux-Arts. Ces opéras seront exécutés au Conservatoire, en séance publique, par les élèves de cet établissement, sous la surveillance du directeur du Conservatoire.

Le pensionnaire de cinquième année devra en outre composer l'ouverture destinée à être exécutée au commencement de la séance publique annuelle de l'Académie, après avoir été préalablement soumise au jugement de la section de musique.

30. Faute par le pensionnaire de s'acquitter des travaux prescrits à l'article 29, il sera passible d'une retenue pareille à celle que subissent les autres pensionnaires qui se trouvent dans le même cas. En conséquence, il ne pourra toucher le second semestre de son traitement de la dernière année que sur un certificat du Secrétaire perpétuel de l'Académie, délivré d'après un rapport de la section de musique, constatant que ce pensionnaire a rempli fidèlement ses obligations.

31. Il jouit de ses entrées aux théâtres lyriques de Paris, pendant les quatrième et cinquième années de sa pension.

EXPOSITION DES OUVRAGES.

3ₐ. Il y a tous les ans, au 1ᵉʳ avril, et pendant quinze jours, exposition publique au palais de l'Académie de France, à Rome, des travaux obligatoires des pensionnaires peintres, sculpteurs, architectes, graveurs en taille-douce, graveurs en pierres fines et en médailles.

On n'admet à cette exposition que les travaux exécutés en accomplissement du règlement, dans le cours de l'année à laquelle ils appartiennent.

33. Ces ouvrages sont, après le temps d'exposition à Rome, envoyés annuellement à Paris, et adressés au Ministre, qui les soumet au jugement de l'Académie des Beaux-Arts, et fait ensuite passer au directeur de l'Académie de France le résultat de cet examen, pour qu'il en soit donné connaissance à chaque pensionnaire, en ce qui le concerne.

34. Les travaux des pensionnaires de Rome sont pendant une semaine exposés à Paris, après l'examen de l'Académie des Beaux-Arts.

35. Les ouvrages exposés à Paris, qui n'appartiennent pas au gouvernement, sont déposés sous la garde du Secrétaire de l'École des Beaux-Arts,

et remis aux artistes dont ils sont la propriété ou à leur fondé de pouvoir.

36. Tout pensionnaire qui manque de satisfaire aux travaux de la dernière année de sa pension, et qui n'a pas livré son ouvrage au directeur pour être exposé à Rome, perd la totalité de la somme produite par les retenues de chaque année.

37. Toutefois, si l'artiste justifie auprès du directeur du besoin qu'il a d'une partie de sa retenue pour terminer son travail de cinquième année, il pourra l'obtenir, sans que cette partie excède en aucun cas la moitié de la totalité de la retenue. Le solde de la somme restant à payer s'effectuera à la fin de la cinquième année, et seulement lorsque les travaux exigés par le présent règlement seront entièrement terminés et remis au directeur pour l'exposition de Rome.

38. Le musicien compositeur ne peut réclamer en partant pour l'Allemagne les 600 fr. de retenues exercées pendant ses deux ans de séjour en Italie.

Du reste, le pensionnaire compositeur restera soumis à la même retenue pour chacune des deux dernières années qu'il passe à Paris. Mais il touche son traitement en totalité pendant l'année de son voyage en Allemagne.

39. Les pensionnaires de l'Académie de France à Rome ne pourront s'absenter de l'Académie, même pour peu de jours, sans en avoir informé le directeur et avoir obtenu son agrément.

ORDRE ÉTABLI A ROME

RELATIVEMENT AUX PENSIONNAIRES.

40. Chaque élève a dans le palais de l'Académie de France à Rome une chambre et un atelier qui lui sont particuliers.

41. La distribution des logements entre les pensionnaires se fait par le directeur, à raison de la nature de chaque art et en tenant compte du droit d'ancienneté de nomination.

42. Il est expressément défendu de transporter les statues, bustes et autres objets, hors des lieux dans lesquels ils sont placés pour l'étude commune.

43. Il n'est pas permis d'emporter hors du palais de l'Académie des livres et autres objets dépendants de l'établissement.

44. Chaque pensionnaire est responsable des effets mobiliers appartenant au gouvernement qui lui ont été confiés sur un récépissé, soit dans sa chambre, soit dans son atelier, tant pour l'exercice de son art que pour tout autre usage, et il doit en rendre compte au directeur avant son départ.

45. Les pensionnaires se réunissent aux heures

prescrites, à une table commune, pour le dîner et le souper.

Ils ne peuvent inviter à leur table personne du dehors.

Le repas n'est servi que dans la salle destinée à cet effet, et à la même heure pour tous.

46. Il est défendu aux pensionnaires de retenir pendant la nuit, dans le palais, qui que ce soit, et sous quelque prétexte que ce puisse être.

47. Pour le maintien de l'ordre et la sûreté de tous, les portes du palais doivent être fermées à minuit.

48. Les pensionnaires, sous la protection immédiate du gouvernement, n'oublieront jamais qu'ils doivent joindre au talent une conduite irréprochable.

Tout pensionnaire qui aurait commis quelque infraction grave aux lois du pays, pourra, sur le rapport du directeur adressé au Ministre, être privé de sa pension.

TABLE.